# 社交分寸

## 做个复杂世界的明白人

肖潇————编著

民主与建设出版社

·北京·

**图书在版编目（CIP）数据**

社交分寸 : 做个复杂世界的明白人 / 肖潇编著 . --
北京 : 民主与建设出版社，2024.1
ISBN 978-7-5139-4506-6

Ⅰ . ①社… Ⅱ . ①肖… Ⅲ . ①人际关系学—通俗读物
Ⅳ . ① C912.11-49

中国国家版本馆 CIP 数据核字（2024）第 017015 号

## 社交分寸：做个复杂世界的明白人
SHEJIAO FENCUN ZUO GE FUZA SHIJIE DE MINGBAIREN

| | |
|---|---|
| 编　　著 | 肖　潇 |
| 责任编辑 | 廖晓莹 |
| 装帧设计 | 尧丽设计 |
| 出版发行 | 民主与建设出版社有限责任公司 |
| 电　　话 | （010）59417747　59419778 |
| 社　　址 | 北京市海淀区西三环中路 10 号望海楼 E 座 7 层 |
| 邮　　编 | 100142 |
| 印　　刷 | 唐山市铭诚印刷有限公司 |
| 版　　次 | 2024 年 1 月第 1 版 |
| 印　　次 | 2024 年 1 月第 1 次印刷 |
| 开　　本 | 670mm×950mm　1/16 |
| 印　　张 | 13.5 |
| 字　　数 | 150 千字 |
| 书　　号 | ISBN 978-7-5139-4506-6 |
| 定　　价 | 56.00 元 |

注 : 如有印、装质量问题，请与出版社联系。

人在社会中要扮演诸多的角色：父母、子女、上级、下属、朋友、对手……不管你喜欢与否，你就是生活在这样的人际网络中。

社会就如同网络一般，覆盖人们生活的方方面面，而我们每个人就像错综复杂的网络中的一个个节点，无时无刻不在以某种方式与其他人交互着利益、情感等各种信息。无论你是谁，想要做什么，你的行为都是与他人相关联的。所以，要想过好自己的生活，就得学会认识这个社会，认识身边的人，不管世界多么复杂，都要把握好自己与外界交流的方式和原则，做个复杂世界的明白人。

中国人讲究的为人处世之道不是给大家规定统一的标准，而是每个人都掌握好自己的分寸，这便是人和。在个人的发展中，"广撒网，多敛鱼"的交际策略固然奏效，但更为重要的是，摸清每个人的分寸，并与自己的分寸求同存异，这样才能使社交更精准，更高效。

那么，交际的分寸体现在哪里呢？其实就在我们于不同的场合，与不同的人群交往的每一个细节当中，简而言之，就是人情世故。所谓"世事洞明皆学问，人情练达即文章"。在这里，"世事洞明"说的是懂道理，即遵守大多数人都认可的社会行为规范和伦理道德；而"人情练达"讲的是明事理，指明白在特定的情况下，面对特定的人群，为了维持和谐的关系，应当如何通权达变，以不违背原则的方式化解各种纷争。这便是作为一个高情商的社会成员为人处世的分寸所在。

因此，我们需要掌握一些待人接物的技巧，不管是在公共场合的泛泛之交，还是与朋友之间的往来，不管是在家庭还是在职场，在饭局上还是在谈判桌上，这些技巧都能帮助我们维护好自己的立场，并进一步加深自己与不同圈子的联系。懂得这些人情世故，懂得圆通处世之道，才能掌握打通社会这个巨大迷宫的钥匙，在自己的发展前路中左右逢源，马到成功。

世界上没有难打的交道，只有不懂分寸的人。只要放平心态，认真去了解身边的每一个人，你都能从他们发出的信号中解析出与自己频率相合的波段，只不过各人的频率范围不同而已，这也正是考验自己对交际分寸把握能力的地方。所以，如果你还在抱怨社会不公、交际不顺，不妨放下对社交的偏见，捧起这本书开始充电吧！或许当你将这本书的内容全部读完并消化后，你就会欣喜地发现：原来社交如此简单，掌握好分寸，人际关系并不复杂！

# 目录
CONTENTS

## 第七章 有局气：应酬得体，恰到好处

## 第八章 博弈有原则：长久的人脉是相互成就

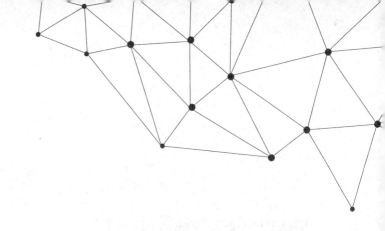

# 第一章
# 所谓情商高，就是会交际

　　情商是一个人重要的能力，它是一种在社会中交际共情的能力，能够影响实际生活的各个层面，甚至包括个人的发展前景。在成功的道路上，情商比智商更能决定一个人的命运，因为智商只能决定你有资格与谁竞争，而情商能决定最后谁输谁赢……

# 把认识一个人变成认识一群人

我们通过圈子的维护和运用，便可以将资源转化为财富。因此，从这个意义上来讲，圈子就是将个人资源与社会资源进行交换、整合、匹配的一个魔方。

在如今的时代，社交离不开一个又一个的圈子，不论你属于什么阶层，从事什么领域，肯定都接触过形形色色的圈子。我们可以把圈子理解为"有某一种共同标志符号的群体"。共同的爱好、共同的经历、共同的回忆、共同的血缘、共同的目标、共同的利益……都会在我们身边形成各种各样的圈子。

我们每个人实际上都在各种社会圈子里浮沉。圈子大抵分为两种类型：一种是生活历程的圈子，它基本是以时间为维度的；另一种是生活交往的圈子，它是以空间为维度的，而一般人所说的社会关系，实质上就是这种圈子。现实生活的关系网络，由各种社会圈子构成，这些社会圈子互相交叉叠加，影响和制约着人们的行为选择和观念取向。

一个人成功机遇的多少与其交际能力和交际活动范围的大小几乎是成正比的。毋庸置疑，一个人的力量十分有限，许多问题不能单靠一个人独自解决。但是当你有了良好的人际关系，你的人脉不仅将成为你日常生活的润滑剂，更是你事业成功的催化剂。当你有问题无法解决而陷入僵局时，你可以请他们为你指点迷津，让他们帮助你，给你建议，以便顺利解决问题。这些都是你的无形资产。

俗话说，朋友多了路好走。比如，一个陌生的大都市，你从来都没去过，但只要你有朋友在那里，哪怕你身无分文也敢闯进去；而人生地不熟的，则需要非常的勇气才敢壮着胆子闯一闯。

这些就是人脉带给人的最基本的利益。除此之外，人脉更是成就你人生的一个重要因素。缺乏人脉的人是根本不可能成功的。你可以猜猜和比尔·盖茨先生关系最好的三个朋友是谁。其中之一便是同样大名鼎鼎的巴菲特。你可以将他身边的三个最要好的朋友的工资平均一下，是不是跟比尔·盖茨的工资相差无几呢？

你或许会说，这样的朋友我一个都不认识。其实，这是你思想认识的问题。要知道，你可以认识这个世界上的任何一个人。

六度分离理论表明，在生活中任意两人之间的最短距离都不超过5个人！看到这里，你也许会惊呼："哇！这个世界真的这么小吗？"答案是肯定的，这个世界上的所有人，从某种意义上来说，都可以通过个人的关系网联系起来。

当然，实际的生活中，我们可以根据自身需要，通过整理人脉，组建一个自我的人际圈，形成一个事业平台。通过圈子的维护和运用，便可以将资源转化为财富。因此，从这个意义上来讲，圈子就是将个人资源与社会资源进行交换、整合、匹配的一个魔方。从此刻开始积累你的人脉，并将人脉的力量最大限度地发挥出来，这样你就离成功更近一步了！

## 人脉是一种社会资源

一个人平时结交什么样的人，他的朋友如何，就可以直接看出这个人平时的为人品性、格局大小，以及掌握的发展资源等。要了解一个人的发展潜力和投资空间，你只要观察他的社交圈子就可以了。

俗话说，"不懂得与人交往者，必不能成功"。这和中国古语"得道者多助，失道者寡助"的道理同样深刻：每一个人都要学会了解他的同类并与之和睦相处，因为这是一个人走向成功，实现人脉资源变现的基础。

有一句话说得很好："告诉我，你和什么人在一起，我就知道你是什么样的人。"就是说一个人平时结交什么样的人，他的朋友如何，就可以直接看出这个人平时的为人品性、格局大小，以及掌握的发展资源等。要了解一个人的发展潜力和投资空间，你只要观察他的社交圈子就可以了。

事实上，在互联网和自媒体如此发达的今天，你的社交圈子比你意识到的要大得多。你实际拥有的网络延伸到了除你每天都联系的人之外，还有你与之共同工作、曾经一同工作过的人，以前的同学、校友、朋友，你整个大家庭的成员，你遇到过的孩子的父母，你参加研讨会或其他会议时遇到的人……不管是实际遇到的人还是在网上聊过几句天的人，都可能是你的圈内人，都可以成为你变现的人脉资源。

　　王珊是个很热情的人。前些天，她参加了一次同学聚会，一个同学无意间向她提起，某百货公司正在准备设立一个饰品柜台，具体工作由他负责。说者无心，听者有意，王珊偷偷到商场看了一下，预计设立柜台的地方在商场的位置极佳，可谓寸土寸金。

　　王珊立即找到自己的同学，告诉他自己想承租。王珊的同学不放心，因为在此之前王珊从来没有做过饰品行业，更没有那么雄厚的资本。王珊悄悄告诉同学，其实自己是一个饰品厂家的代理人，铺货是免费的。

　　同学勉强同意让王珊试试。王珊立即联系了自己精通饰品生意的好朋友，说自己已经找到了一个很不错的商场，销售绝对没有问题，只要免费铺货，她保证大家都有钱赚。大家对王珊非常信赖，不但答应给她免费铺货，还给她推荐了几个很有经验的销售人员。这样，大家就联系到一条利益链上了。

　　柜台开张，果然是大家发财，王珊这个饰品生手也成了一个响当当的小老板。

　　这就是人际关系网的巨大潜能！当然，关系网既然称作是"网"，就具有网的特点。也就是说，在这张网上朋友的构成有点有面，分布均匀，遍布各行各业，这样不管将来做什么都能用得上。有的人交友却不是这样，他们结交的范围十分狭窄，分布十分不均，只在自己熟悉的范围内认识一些人，而这些人的行业和特长比较单一，这样就构不成一张标准的关系网了。

现实中，成功的人大多就是有这种关系网的人。这种网络由各种不同的朋友组成，有过去的知己，有近交的新朋；有前辈，有同辈或晚辈；有地位高的，有地位低的；有不同行业的，有不同特长的，也有不同地方的……这样的关系网，才是一张比较全面的网络。也就是说，在你的关系网中，应该有各式各样的朋友，他们能够从不同的角度为你提供不同的帮助；当然，你也要根据他们不同的需要为他们提供不同的帮助。

所以，静下心来仔细数一下，在我们的工作和生活中，究竟结识了多少这样的人呢？500人！然而这还只是我们社会交往人数的平均值，对于那些善于交际的社交达人来说，其数量远远在此之上！设想一下，如果以自身为中心，每认识一个人就好比辐射出一条线，那么很快就可以结出第一层关系网，如果再加上你朋友的朋友，以及你朋友之间的互相联系，那简直就形成了一张超级大网！由此可见，人脉是多么强大！一个拥有这么雄厚的人脉资源的人，成功的机遇怎么会不眷顾他呢？

# 借别人的台，造自己的势

想方设法结识一些成功人士，得到他们的指导和提携，就好比借得东风好行船一样，一路顺风顺水，自然能够少走弯路。

纵览历史，你会发现一个"借"字承载着中国人的做事智慧，比如"借东风""借荆州""草船借箭"等，许多经典的历史故事都离不开"借"字。"借"具有无穷的力量，有时候在战争中用好"借"的智慧，能够不动一兵一卒攻城拔寨。人际交往也是一样，善于借台造势是一种高明的交际策略，能更快地缩短自己与成功的距离。

俗话说，要想获得成功，就得先走进成功者的圈子。当你身边都是成功人士的时候，你也会受到他们的感染，学着用成功者的心态和模式处理问题，这样成功的概率当然比自己乱碰乱撞要多不少。因此，想方设法结识一些成功人士，得到他们的指导和提携，就好比借得东风好行船一样，一路顺风顺水，自然能够少走弯路。

小张大学毕业后，开始做高端产品销售，因为没有很好的人际关系基础，又缺乏拓展人际网络的经验，销售业绩不是很好。小张唯一的人脉就是自己的那些大学同学，他只能求助于他们。那些同学虽然都愿意真心实意地提供帮助，但因为他们都是和小张一样的初出茅庐的小青年，除了给小张一些安慰和鼓励之外，起不到什么实际的作用。

于是，小张做出一个大胆的决定：学打高尔夫球。他不惜花费自己微薄的工资，去参加会聚大量高层人士的高尔夫俱乐部。因为小张发现，自己的客户应该是处在中高阶层的人士，而自己平时接触的人都是一些普通的工薪阶层，所以必须改变自己的人脉圈子。

在实施"高尔夫策略"之后，小张将办公室转移到高尔夫球场。很快，他结识了不少成功人士，业绩日渐好转。

其实，生活在现代社会中，我们几乎每天都要面对陌生的领域和陌生的人，如果我们仅仅凭着自己的"勇敢"满头乱撞，碰壁几无避免。但通过他人的帮助，我们也许可以找到一条捷径，从而避免在时间和精力上付出太多的消耗。同时，通过朋友的介绍，我们可以接触到很多我们原本并不熟悉的领域，并从这些陌生的领域中找到创业和成功的机会。因此，我们要善用人际圈子这股"东风"，借助朋友的力量，然后才能乘风破浪，直济沧海。

如果再深入地思考一下，我们还可以得出另一个结论：结交带圈子的陌生人其实是一种拓展人脉的快捷有效的方法。但我们该如何与陌生人打交道，以最快最好的方式化陌生为熟稔呢？

这个得从人的心理上说说。我们平时说两个人是陌生人，这里的"陌生"其实是指两个人的心理距离，人与人越陌生，心理距离就越远。这种距离就像一堵冷墙，将人们隔开，如果你想跟一个陌生人成为至交，那么只有推倒这堵又冷又硬的墙，如此你就一定要学会如何与陌生人沟通交往。

所以，跟一个陌生人交往，你需要克服的最大障碍就是自己的心理障碍。这层障碍不除，你们将会永远都是陌路人！其实，与陌生人交往是件令人心情愉快的事情，你回忆下一个陌生人主动与你交谈时你内心的激动就会明白，无论是主动认识别人还是被动与人相识，都是让人很开心的。

如果细心的话，你可能会发现，在一个相互都很陌生的派对上，80%以上的人都在等着别人来与自己打招呼。人们不愿意主动说话，可能是出于防护意识。总之，他们像木头人一样，在会场上一动不动。而另一些人则不然，他们东游西走、侃侃而谈，他们总是主动伸出自己的友好之手，一边做着自我介绍，一边通过眼神、手势等交流，很快与数人打成一片。

可能你还会漠视这种做法，但请想想这种做法是不是真的具有积极的意义呢？不言而喻，主动向陌生人伸出友好之手，会使对方产生"他乡遇故知"的美好感觉和心理上的信赖。如果他的欢声笑语和热情姿态传达到了会场的每一个角落，那么，无疑这个人将成为此次会场中最受关注、最容易被人记住、最受众人欢迎的人物。

有人说，成功者与平凡者的主要区别之一，就是成功者认识的朋友比平凡者要多得多。成功者为什么能成功呢？因为他们非常乐于与陌生人交往，而每一个陌生人就代表着一个陌生的交际圈，成功者认识了很多的陌生人，由此他也连接到了很多的交际圈。

# 让社交为你赋能

生活中，贵人有很多种：在生活上挂念你、关心你、照顾你的是你的贵人；在事业上扶持你、帮助你、提携你的是你的贵人；在人生旅途上引导你、鞭策你，甚至为难你的，都有可能是你的贵人。

你可能已经发现，在那些成大事的人身上，都有一个共同的优点——他们都很会与人交朋友。尽管自己某一项技能有所欠缺，或者遇到意料之外的困难，但有了朋友的帮助，事情总会出现转机，这就体现出我们常说的贵人的重要性。

生活中，贵人有很多种：在生活上挂念你、关心你、照顾你的是你的贵人，如你的父母、妻子；在事业上扶持你、帮助你、提携你的是你的贵人，如你的同事、上司；在人生旅途上引导你、鞭策你，甚至为难你的，都有可能是你的贵人，如你的榜样、对手等。

社会学家曾做过一次调查，调查的对象是各个行业的中高层主管，调查的内容是在他们成为中高层主管的过程中，是否得到过他人的栽培和提拔。

调查结果表明，凡是做到中、高级以上主管的，有90％都受到过栽培；至于做到总经理的，有80％遇到过贵人；自己当老板创业的，竟然100％的人都曾被人提拔过。也就是说，很大一部分成功者都曾受过贵人相助。

一个人在工作、生活中有贵人相助是件很幸福的事。在你刚刚踏上工作岗位时，有热心的亲戚朋友们给你指点迷津；当你生活中遇到了种种不如意的时候，有可以交心的铁哥们陪你开心解闷；当你埋头苦干试图闯出一片属于自己的天地时，有慧眼识珠的领导推荐提拔你……这会使你的人生少走很多弯路，也更容易获得成功。

生活中，其实贵人无处不在。但有些人却常常感觉孤立无援，以至出现"拔剑四顾心茫然"的窘境，这样的状态跟不善于经营人脉有很大关系，要么是你没有把身边的贵人重视起来，要么是你没有把贵人放在你人脉圈的重要节点上。

张超曾受到过良好的教育，但家境贫寒。毕业后他想找个单位实习，而且就想留在北京工作。这对一个刚刚毕业的大学生而言，按照他的薪酬标准，想在北京这个高消费的城市找到一份称心的工作，未免有些自视过高了。但最终，张超通过自己的努力留在了北京。

原来，张超虽然从小家庭条件不是特别好，但是因为性格爽朗真诚，让他从小就总是赢得很多人的拥护——小时候当班长当班干部，长大了就当活动发起人当组织者。就这样，无形中他就在圈子中聚集了人气，建立了自己的人际关系。在大学的时候，他又结识了更多的校友和网友。

在得知他要在北京找一家实习单位的消息后，第一个好消息源自他的一个在某广告公司工作的校友。校友推荐他到这家公司去实习。虽然说是实习，但每天还有50元的补贴。就这样，在短短十几天的时间里，张超接到了或朋友、或校友、或网友的六七个工作邀约，在如今这个竞争如此激烈的环境下，他能有这样的机遇，可以说是一种巧合，但更多是一种必然。

曾经有人把"贵人相助"归结为命中注定，认为老天可怜某个人才会让贵人来帮他，这样的想法有些过于偏颇了，而且把自己不能成功的原因完全归结于天命，这是一种逃避现实、掩盖自己缺点的想法。机遇不是天上掉下来的馅饼，机遇也不会光顾没有准备的人。要想得到贵人的热心相助，你必须注意以下几点。

## 1. 一定要做到"知己知彼"

《孙子兵法》中说，知己知彼，方能百战百胜。你想跟一个可能日后对你的事业产生重大影响的关键人物交往之前一定要将他的"底细"了解透彻。当然了，人家的隐私你要避讳。你要了解的是他的身份、地位、特长、爱好等，他的亲人、朋友等亲近人物最好也了解一些，这样才能方便你找到与之接近的切入口。

## 2. 要注意交往的方式、方法，做到不卑不亢、知恩图报

一个人在一生中总会遇到贵人的，贵人往往在知识、技能、经验、人脉等方面有超过你的地方，对于这些，我们应该谦虚谨慎地学习，但注意

不要过度地恭维，不要到溜须拍马让人反感的地步。同时也要注意的是，贵人在帮助你的过程中，也许会有一点点私心，他们的底线只是需要你记住他们帮助过你而已，若你一旦功成名就就立刻翻脸不认人，恐怕你离碰壁就不远了。

### 3. 要注意把自己也培养成一个贵人

帮助别人能使你获得更多的支持，互帮互助会使你的人脉更加稳固发达，要像贵人帮助你那样去帮助确实值得帮助的人，这样你得到的，除了心灵上的满足之外，还会有许多你意想不到的收获。

### 4. 不要以成功作为终点，而要把它作为新的起点

有的人处心积虑，终于到达了人生事业的巅峰，但从此以后就不思进取，沉醉在自己成功的喜悦之中不能醒来，这是很危险的，不仅会让帮助你的贵人大丢颜面，更有可能让你跌下深渊，摔得很惨……

人际关系越好，机遇相对就越多。人脉是专业能力的杠杆和放大镜，你的人脉杠杆越有力，相应撬起的钱脉就越有分量。

## 社会，就是人情世故

理智地看待矛盾，加一些感情因素去面对矛盾，说不定可以从中得到更加珍贵的东西。这样不仅可以加深彼此的友谊，而且还等于给日后的交往留了一条后路。

"多个朋友多条路"，几千年来，这个道理已被无数的经验和教训所验证。我们在社会中行走，不仅要具备过硬的专业技能，还要懂得如何与人相处、如何处理人际关系、如何化解矛盾和纷争，这就是所谓的"人情世故"。

很多人在办事不顺或四处碰壁时，往往会有这样的感触："如果我有足够多的朋友相助，一定可以顺利地完成！"然而你有没有想过，自己在困难时无人相助是不是因为自己在某些方面做得不够好呢？如果你能够在日常交往中主动向他人释出好意，处处给他人留些情面，或许在你需要帮助的时候，他们就会为你雪中送炭，那么你的处境就没有这么窘迫了。

清朝的红顶商人胡雪岩之所以能从钱庄小伙计成长为大清首富，不仅是因为他自身的聪明才智，还有非常重要的一点，就是他十分懂得人情世故。

当胡雪岩经营阜康钱庄时，有个落魄的商人前来求他帮忙。原来这个商人做生意吃了大亏，急需一笔钱来东山再起，因此商人一口气押上了全部产业，求胡雪岩贷给他一些资金。

商人抵押的产业很大，索取的价格却很低。这笔生意看似很诱人，但是胡雪岩并没有马上答应，而是应承后就让他先回去，等他走后再派人明察暗访了解实情。

几天后伙计来报，商人所说的情况的确属实，于是胡雪岩以远远超出对方要价的价格支付给商人资金。商人惊诧不已，而胡雪岩却说自己只是暂时帮他保管产业，等他东山再起了，随时可以赎回。商人感动得热泪盈眶。

钱庄的伙计对胡雪岩此举很不理解，于是胡雪岩道出了自己经营生意的秘诀："当我还是小伙计时，经常要上街联络客户，一遇到下雨天，我就顺手帮同路的行人打伞。长此以往，后来我上街就完全不用带伞了，因为每次别人都争着为我打伞。你肯为别人打伞，别人才愿意为你打伞。谁都有下雨没带伞的时候，能帮人遮点儿雨就遮点儿吧！"

后来，商人赎回了自己的产业，成了胡雪岩忠实的合作伙伴，胡雪岩的生意也越做越大。

从胡雪岩的故事中我们可以看出人与人之间的互相帮助多么重要，助人者人恒助之，在别人的帮助下，就更容易抓住良机，成就事业。许多时候，你面临的生活问题、工作问题，单单依靠个人的力量很难解决。但是朋友会帮你出主意、出人力、出物力、出财力，和你一起解决问题，那样你前方的路就变得宽广了。

一个成功人士往往能带动和影响他身边的人，他也善于理解和接受他人，使自己与他人之间的关系更融洽，达到良好的互动。就像一匹好马可以带领你到达你梦想的地方，一个好朋友同样可以带你实现自己的愿望。而且由于彼此之间友情的关系，朋友这一类贵人一般比较忠实。他们有机会、有能力帮你的时候会主动帮你，在没有能力帮你的时候也会事先说明，而不会说一些假话来安慰和欺骗你。

想要结交到要好的朋友，必须注意以下几个问题。

## 1. 心胸宽大，宰相肚里能撑船

为人应当心胸宽广，绝不可斤斤计较，好与人比高低、争强弱。善于做人者，心中一定要有"宰相肚里能撑船"的信念。把自己的开阔胸怀充分展示出来，才能赢得别人的尊敬，即使危机出现时，我们也能够顺利地解决。

这要求我们在社交活动中，必须摒弃个人私欲，不能为一己之私而去争强斗狠，与人闹得面红耳赤，也不能为了炫耀自己而贬低他人。当然，像报复、嫉妒之类的心理，更不能存在。同时，我们还要有点忍让精神。无缘无故受到冤屈时，只要对方不是恶意中伤，都应忍耐，应主动地"礼让"，从自身找原因，并让时间和事实来为自己"表白"。

## 2. 以最快的速度消除误会

误会往往是由于人们之间互相不理解，缺乏理智，缺少沟通，不加思考，未能多体谅对方、反省自己而引起的。所以，如果有人做了让你不高兴的事，请先不要忙着指责对方，而要静下心来想一想自己是不是误会了他（她）的意思。如果可以的话，不妨平心静气地约他（她）聊一聊，你也许会发现事情并不是你想象的那个样子。

误会是一堵冰冷的墙，它隔开了彼此的感情交流；误会是一颗不定时的炸弹，说不定什么时候就会把大家炸得人仰马翻。

一个小小的误会也常会制造出严重的后果，所以人与人之间产生误会时，一定要以最快的速度想办法消除，不要等到无法挽回时再痛悔自责。

## 3. 处处为他人留些情面

在工作和生活中，任何人都离不开人际关系这张大网。所以，在为人处世时，如果你处处为他人留些情面，别人也会保全你的面子，毕竟人活一张脸，树活一张皮。

与人相处难免会产生矛盾，用过激的方式处理矛盾绝对不是一个合理的方法，它伤了人情不说，还会让你毁了自己的形象。何不理智地去看待矛盾，加一些感情因素去面对矛盾呢？说不定你可以从中得到更加珍贵的东西。这样不仅可以加深彼此的友谊，而且还等于给日后的交往留了一条后路。

## 诚信，是社交的信誉保障

如果你足够诚信，让别人打心眼儿里尊敬你、信任你，那你也就有了交天下之友的巨大资本。

虽然说社交离不开人情世故，但也并不是只有人情世故，如果没有诚信作基石，那么人脉这栋高楼无论如何也不会稳固。因为失信的人情会变成虚伪，不但得不到他人的认可，还会为人所厌恶。

诚信不仅是人际交往中的重要原则，同时也是人一生中最重要的信誉资本。如果一个人总是践踏自己的诚信，无异于牺牲自己的人格来换取利益，那么人生这张"信用卡"早晚会透支，当他彻底失信于人的时候，也就无法继续在社会上立足了。

古时济阳有个富商外出做生意，有一次渡河时遇到风浪，整条船都沉下去了，富商在水中一边挣扎一边大声呼救。这时有个附近的渔民闻声赶来，富商急忙朝他摇手大喊："我是济阳最大的富翁，你要是能救我，我一定给你一百两金子作酬谢！"

等渔民把富商救上了岸，不料富商却反悔了。富商觉得自己这么简单就获救了，给他一百两金子太便宜他了，于是只给了他十两金子。渔民怏怏不乐地责问富商："不是说好给我一百两金子吗？你怎么能出尔反尔呢？"

富商不仅不肯履行自己的承诺，还带着轻蔑的语气反问自己的救命恩人："你一个打鱼的，一辈子都挣不了几个钱，我一下给你十两金子，难道你还不满足吗？"眼看富商摆明了赖账，渔民只好就此作罢。

没想到祸不单行，那个富商没过多久就又一次在河中落难了。正当岸上的人们准备下水营救他时，当初那个渔民从人群中站出来，指着富商说："他就是那个出尔反尔的人！"众人听了渔民的话，都变得犹豫起来，最后眼睁睁望着富商被河水吞没……

时至今日，仍然有些人认为，诚信是与金钱挂钩的，如果一个人有权势、有资本，那么他的话自然就比别人更有分量一些，跟这样的人交往也要更真诚一些，而与那些无足轻重的人交往就无所谓了。这种想法无疑是功利且极端的。诚信不分贫富贵贱，是每个人都要遵守的基本道德准则，更重要的是，它是一个人心灵和情感的表达，重在行而不在言，任何有始无终的承诺都是对它的一种曲解。

无论是与同事、朋友还是亲人，要想建立良好的人际关系，就必须真诚交往。如果你能够借由诚信，让别人打心眼儿里尊敬你、信任你，那你也就有了交天下之友的巨大资本。只有常常把诚信放在第一位，才会有信满天下的那一天，届时我们的人缘也会遍布天下。

15世纪新航路开辟初期，葡萄牙和西班牙的船队在航海贸易中发了大财，这让旁人甚是眼红。于是，1596年，荷兰人巴伦支也组织了一支船队，开始航海旅行。正是这次出海，为荷兰商人赢得了"海上马车夫"的金字招牌，以及世界海运贸易的巨大市场。

当巴伦支的船队途经北极圈时，船只意外被浮冰撞毁，他们只好被迫在北极的荒岛上扎营等待救援。然而北极圈内人迹罕至，久久不见有其他船队经过，巴伦支船长和水手们一起在这里度过了长达8个月的冬季。他们拆掉船上的甲板和其他木材作燃料，猎取当地本来就稀少得可怜的动物充饥。在这样恶劣的环境中，有8名船员不幸死去，然而船上的货物却原封未动，尽管其中就有可以帮助他们免遭厄运的生活物资。

冬去春来，巴伦支船长指挥幸存的船员们通过了一段冰海，终于在一片开阔地寻得了救援。当巴伦支船长的船队成功抵达港口时，第一件事便是将船上的货物完好无损地交到委托人的手里。他们这种不惜生命也要守护诚信的信念，成了后来荷兰商人雷打不动的经商法则。


不论是做生意还是日常与人交往，我们怎样对别人，别人也会怎样对我们，这就是诚信能赢得坚实人脉的原因。在"人无信不立"的传统观念中，信誉就像一张人格证明，是每个人的立身之本。曾经的亚洲首富李嘉诚在谈及自己的成功经验时说："人的一生最重要的是守信，我现在就算有多十倍的资金，也不足以应付那么多的生意，而且很多是别人找我的，这些都是为人守信的结果。"由此看来，一个诚信的人，拥有比别人更多的人脉、更多的机会以及更多的社会资源，也就顺理成章了。

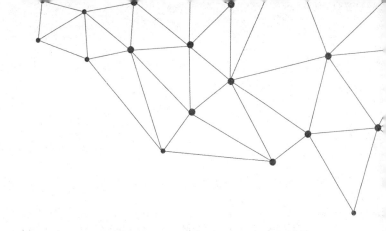

# 第二章
## 说话有分寸，不做社交场中的"路人甲"

与陌生人初次见面该聊什么？该怎么聊？从你一开口，便告诉了对方你今后值不值得长久交往。所以说，说话是一门学问，既要有恰当的时机，又要把握好交际的分寸。一是要弄清双方在这场社交中所扮演的角色；二是要明确自己的意图，让对方对你有一个清晰的印象；三是要懂得察言观色，从对方的反应中抓取关键信息……

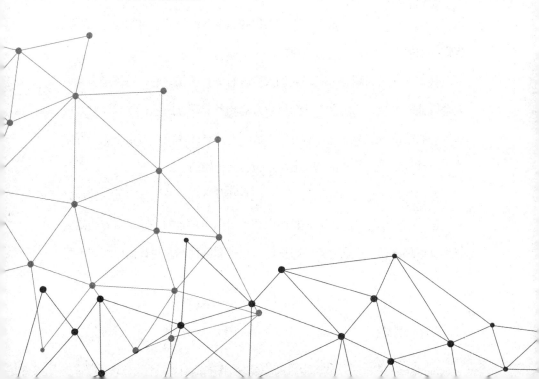

# 不做路人甲，从恰当的称呼开始

记住别人的名字，可以使你获得更多的尊重。名字虽然只是几个简单的字词，但它却是通向对方心灵深处的捷径之一。

有人说，在人际交往中，主动出击就成功了一半，这话固然不错，但是并不代表另一半就不重要。有时你把人家当成朋友，每次见面都主动打招呼，而人家却只当你是路人甲，连你的名字都没记住，这是为什么呢？我们要如何摆脱路人甲的困境呢？

其实，在遇到陌生人时，人们天生就有一种警惕之心，特别是当我们主动搭讪的时候，一定会立即激活对方的防备心理。所以，要想让对方接受我们的情谊，就必须先让对方卸下戒备，这样才能给对方留下一个好印象。而这一切，正是从正确呼出对方的名字开始的。

名字虽然只是几个简单的字词，但它却是通向对方心灵深处的捷径之一。在一个陌生的场合，你轻松而亲切地叫出了对方的名字，对方一定会感到惊讶和感动——在对方的眼里，你只是面熟而已，也许他已经记不起你们在什么地方见过面了，但是你居然叫出了他的名字，这无疑告诉了对方："你的名字我很重视，就像你也会重视我的一样。"这样一来，你和对方的距离就在无形之间拉近了。

记住别人的名字，可以使你在人脉之路上畅通无阻。你知道对方的名字，说明你们以前有过交往，你能喊出对方的名字，说明了他在你心目中的分量。谁都愿意让别人重视自己，记住自己，你喊出对方的名字，恰恰满足了对方的这一心愿。对方也会重视你的名字的，并且会心怀愧疚地想："上次是人家主动叫出了我的名字，我却忘了人家叫什么，这次一定要记清楚，下次见面不要太尴尬了！"

生活中，交际的人很多，如果你只在见面的时候记住了对方的名字，过后就忘个一干二净，再次相遇的时候居然叫不出对方的名字，对方肯定会觉得你之前所体现出来的热情是虚伪的，所以你才会忘掉对方的名字。试想，如果让对方有了这样的想法，你们之间的交往还会是真诚的吗？

有人可能要说了：我知道记住一个人的名字非常重要，可我的工作非常忙，根本没有时间来记这些名字，而且我的头脑似乎对记这些名字不太敏感，有时候提醒自己一定要记住了，可转头见了人家，还是想不起来，这可怎么办？

老一代著名教育家叶圣陶老先生曾经说过，无论如何匆忙，他也仍然能够记得每一个他所认识的人。他的方法非常简单。如果他没有清楚地听到对方的名字，就会说："很抱歉，我没有听清楚。"如果对方的名字很不寻常，他就说："您能告诉我您的名字的写法吗？"

在和对方的谈话中，他会把那个人的名字重复说几次，试着在心中把它跟那个人的特征、表情和容貌联想在一起。如果对方是个重要人物，叶圣陶老先生就会更进一步：一等到他旁边没有人，他就把那个人的名字写在一张纸上，仔细看看，聚精会神地深深记在他心里，然后把那张纸撕掉。这样做，他记住的就不仅是名字的那几个字母，而是活生生的有眼睛、有耳朵的那个人。

尽管有很多交际的理由让我们记住别人的名字，但即便是没有交际上的理由，我们也要记住别人的名字，因为这是一种尊重。

生活中我们也有这样的感受：遇到多年前的老师、领导，一见面对方能一下子叫出自己的名字，那么自己心中难免就有几分窃喜，感到自己被他人尊重；久未谋面的同学朋友，偶然相见，彼此都能叫出对方的名字，一种久违的亲切穿越时空，温暖心田。其实每个人都渴望受到别人的关注和尊重，而关注和尊重很重要的一步就是叫出对方的名字、强调对方的名字。

## 轻松的话题是成功沟通的开始

平时注意培养联想的思考习惯，那么无论任何题材你都能把它分解出若干个分支和无穷无尽的细节，而每个细节都可以用来展开你的话题，丰富交谈的内容。

当相识的两人互相呼出对方的名字之后，就可以开始愉快地交谈了。这时你要善于寻找轻松有趣的话题，主动打开对方的话匣子。

假如你在码头上碰见一个熟人，大家一起上船，一时还没有找到话题，这时最方便的办法就从当前的事物，那就是双方同时看到、听到或感受到的事物中找出几件来谈。在码头上、船上，耳闻目睹的有千千万万的事物，只要你稍为留意，不难找出一些对方可能感兴趣的话题。也许是码头上面的巨幅广告，也许是同船的外国游客，也许是海上驶过的豪华游艇，也许是天空飞过的海鸥……甚至在对方的身上都可以找到谈话的题材。如果他打的领带很漂亮，你可以问他在什么地方买的；如果他身上穿着名牌衬衫，你可以问他这个品牌的衬衫究竟好不好，和广告上的宣传是否相符；如果他手上拿着一份晚报，看着晚报上的头条新闻，你也可以问他对时局的看法。

如果你到了一个朋友家里，在客厅里看到他孩子的照片，你就可以和他谈谈他的孩子；如果他买了新的钢琴，你就可以和他谈谈钢琴的音色；如果他的窗台上摆着一个盆景，你就可以跟他谈谈盆景的造型；如果他正牙痛，你就可以跟他谈谈牙齿的保健和牙医。

眼前的事物最容易引起人们的注意，只要碰巧有一样对方很感兴趣，那么，你就得到谈话的机会了。

当交谈中断的时候，怎样寻找新的话题呢？

在这种时候不要心急，也不要勉强去找，否则会引起不必要的紧张，反而什么也想不出来了。要知道只要是我们醒着，我们的脑子总是在活动着的。你没有要它想，它也会不停地想，由东想到西，由天想到地……这种做法，我们叫它"自由联想"。

比如说，当我们看到书桌上摆着一盏台灯，我们的脑子就会从电灯出发，很快地联想到许多别的东西。也许我们从电灯联想到发明，从发明联想到电影，然后是演员、历史。这一切，都是在瞬间发生的，也许只是半分钟内的事。

例如我们看见一个台灯，就联想到爱迪生发明了电灯，又由爱迪生想到我们看过的电影《爱迪生传》，又由《爱迪生传》想到科学影片，又由影片想到电影明星等。在刹那之间，已经有了不少交谈的题材可供我们选择。

当然，有的话题也许引不起对方的兴趣，但是只要我们不心急、不紧张，让头脑在静默中自由地去联想，再过一会儿，我们就可能联想到别的话题上了。

倘若不想东谈一点、西谈一点，从这个题材跳到另一个题材，而是想抓住一个题材更进一步，把它谈得详尽、深入、充分一点，那么，也有一个好办法可以帮助你的思考，这时你就不要让你的思想随意地去联想。如果有个题材可以引起对方的兴趣，那么你就以这个题材作为中心，让你的思想围绕着这个中心，尽量地去想与这个题材有关的东西，然后再将这些有关的材料分门别类，整理出鲜明的脉络。

例如，你刚刚参观过自然艺术摄影展，谈话中有了启发性的联想，你已经找到一个使对方有兴趣的题材——植物。如果你想在这个题材上多谈一会儿，你可以植物作为中心，尽量去联想与它有关的事物。

在这样做的时候，你的头脑也要保持着轻松、活跃状态，那么，它就会自然地想出许多与植物有关的事物，例如热带植物、盆景、菊花等，接着又可以谈到植物的研究与栽培……

如果谈话的中心题材是树，你就可以想到风景树、花果树、公园里千年的古树、著名的大树、与树有关的成语以及树的各部分用途……

如果中心题材是交通，那你就可以联想到陆上交通、水上交通、空中交通以及交通工具，如喷气飞机、火箭、气垫船……

平时注意培养联想的思考习惯，那么无论任何题材你都能把它分解出若干个分支和无穷无尽的细节，而每个细节都可以用来展开你的话题，丰富交谈的内容。

倘若把你所想到的一切，结合你个人的生活经验，那么你交谈的内容就更真切生动了。每一个人的生活里都有许多可以打动别人的事情，倘若其中有些事情正和大家谈的题材有关，那么，你可以把它拿出来作为谈资，这时，交谈的内容就因为加进了个人亲身经历的材料，而更使人觉得有趣。

在交谈中，灵活地转换话题也是一件很重要的技巧。即使一个最好的话题也会有使人兴趣低落的时候，这时，善于交谈的人就懂得在适宜的时机转换话题，不会使别人生厌。

转换话题有三种很自然的方法。

### 1. 让旧的话题自行消失

当你觉得这个话题已经没有什么新的发展的时候，你就应停止在这方面表示意见，让大家保持片刻的沉默，然后开始另一个话题。

### 2. 漫不经心地自然过渡

也可以在谈话进行中，很随便、不经意地插入新的话题，把旧的话题打断。但不要使人觉得太突然，也不要在别人还有话要讲的时候打断。

### 3. 引申、递进式转换

例如，大家正在谈一部正在上映的好电影，等谈到差不多的时候，你就说："这部电影票房不错，听说有一部新的大片就要开映。"这几句话就把话题转变了，新大片又将吸引大家的注意力，可是大家的思想与情绪却还是连贯着的，所以，这是一个比较灵活妥善的方法。

# 跟名人结交，可能只差一个眼缘

眼神是彼此交流的重要组成部分。无论我们和周围的人用什么方式交流，也不管我们表达的内容是什么，我们肯定会对那些用眼神沟通的人给予更多的关注和回应。

在与人交谈的过程中，除了谈话的内容，眼神的交流也能透露出不少的信息。一个和善的眼神是诚实、可靠、温暖或者参与的信号，没有眼神交流的交谈被认为是粗鲁的，意味着当事人缺乏兴趣。

眼睛是心灵的窗户，你的内心情感可以通过眼睛传达出来，而眼神所传达出的信息会影响到沟通的效果。事实上，用眼睛也可以起到和他人沟通的目的。当有人对你说话时，眼睛要注视着他；有人发表意见时，你的身体和脸要正对着他。眼睛一直盯着一个地方看，这对有些人来说或许有点困难，但是如果你正在努力赢得人们的好感，并且想表示你所说的话很认真，这就显得很重要了。例如，当你走进老板的办公室要求他给你升职加薪时，如果你的眼睛紧盯着他，而不是低着头，那么他会更认真地考虑你的请求。当你在陈述你的一份商业计划时，如果你用自信的眼神看着周围的人，那么大家就会更加信任你并认可你的计划……总而言之，自信的眼神更容易让人对你产生信任，真诚的眼神更容易让人对你产生好感。

日常生活中，人们经常会为在与别人交谈时不知道该如何与对方进行正确的目光交流而苦恼，并抱怨因为缺乏眼缘而与圈内的名人失之交臂。那么，在实际的交谈过程中，应该如何抛出适当的目光，引起大咖的注意呢？其实这并没有确定的答案，但是却有几种一定不正确的答案，可供我们反思。

在交谈中，一直凝视对方的眼睛是最不正确的做法。这样做会使对方感到很不舒服并且感觉受到挑衅。正确的做法是首先看着对方的眼睛，随后把视线缓慢移到嘴部，过一段时间后再返回到眼部。这样会使对方有机会对你所说的话做出适当的反应，点头、微笑等带有好感的表情就会自然而然地表露出来，并且也会让对方觉得与你进行交谈很惬意。

另外，交谈时切不可将目光转向地面或天花板，也不可将视线停在对方身体上的任何一个部位，这些都是对对方不礼貌的表现。

因此，在两人沟通的过程中，听者应当在对方说话时看着对方，表示关注；当自己变成说者发表言论的时候不宜再迎视对方的目光，除非两人关系已密切到了可直接"以目传情"。当你说完最后一句话时，才应当将目光移到对方的眼睛上，这是在表示一种询问"你认为我的话对吗"，或者暗示对方"现在该轮到你讲了"。这一点，在国家领导人的外交会晤中就得到体现和验证，这就是对话沟通中眼神的运用技巧。

当然，在人们交往或商业洽谈的过程中，彼此之间的注视还因人的地位和自信而异。专家在一次实验中，让两个互不相识的女大学生共同讨论问题。事先，这位专家对其中一个说，她的交谈对象是个研究生，同时却告知另一个人，她的交谈对象是个高考多次落第的中学生。观察结果显示，自以为自己地位高的女学生，在听和说的过程中都充满自信地不住地凝视对方，而自以为地位低的女学生说话时就很少注视对方。在日常生活中能观察到，往往主动者更多地注视对方，而被动者较少迎视对方的目光。这也就说明，当你与人沟通时，你的眼睛已经告诉了对方，你对自己的意见或提议有没有自信。

交流时的眼神是谈话的重要组成部分，如果目光散乱，无论你的用词多么讲究，都会给人留下不自信或没有诚意的印象。前任中国驻法国大使、外交学院院长吴建民先生，提到过一个关于目光交流的小事例。有一次他去拜会某个国家的议员，会谈完毕，那位议员说："我相信我们能够成为好朋友。因为一看你的眼神，我就知道你很真诚。"有时候，一个眼神胜过很多话语。

目光的接触和眼神的交流在沟通中还有另外一层意义。每个人应该都有这样的经历：上课时，只要我们用眼睛盯着老师，根本就走不了神。但是，如果我们盯着前边同学的后脑勺或自己的铅笔，那就很容易走神了，但是只要一看着老师，我们马上就能回过神来。这就是目光接触的意义所在，它能够使你更注意倾听对方的话，这样不仅有利于沟通的进行，更是对别人的尊重。否则，在交流沟通的过程中，你很可能不知道对方究竟说了些什么，因为你已经开小差了。

反过来说，当对方在沟通过程中没有把精力放在这上面时，我们可以用一些特殊的技巧来吸引对方的注意力，迫使对方凝视你。比如，说到关键的地方停顿微笑一下。这样就可以让对方跟着你的思路走下去。

由此，我们得出结论：眼神是彼此交流的重要组成部分。无论我们和周围的人用什么方式交流，也不管我们表达的内容是什么，我们肯定会对那些用眼神和我们沟通的人给予更多的关注和回应。

# 你的手势透露着你交际的底气

手势不仅是人们内心情感的外化，也是个人形象的体现，为人与人之间的沟通发挥了语言所无法承担的功能。

除了眼神以外，还有很多种可以增进彼此情感交流的体态语，手势就是其中应用最广泛的一种。

手势作为人际沟通不可或缺的肢体语言，具有十分丰富的内涵，能够准确表现出发言者的个人修养。它使用起来便捷、灵活、变化多样，不仅能辅助有声语言，甚至在一些场合下，还可以代替有声语言。因此，有人称手势语言为人类的"第二语言"。

手势不仅是人们内心情感的外化，也是个人形象的体现，为人与人之间的沟通发挥了语言所无法承担的功能。值得注意的是，如同其他非语言符号一样，手势也有约定性和社会文化制约性。有些手势表示积极的、向上的、健康的、肯定的意义，有些则表示消极的、落后的、不健康的、否定的意义。只有正确认知、恰当使用手势语言，才能起到提升沟通效果的作用，如果使用不当则会阻碍甚至破坏正常的人际沟通。

既然每种手势都有其特定的文化含义，那么为了准确地传达信息和表达情感，我们就应当规范地使用它们。比如，当我们用手势介绍某人或指示方向时，应当掌心向上，四指并拢，大拇指张开，以肘关节为轴，前臂自然上抬伸直。指示方向时上体稍向前倾，面带微笑，视线始终随手方向移动，并兼顾对方是否找到目标。而在用手势与人打招呼、致意、欢呼、告别时，则要注意将手尽量伸开，根据场景控制手势力度的大小、速度的快慢及时间的长短。

除此之外，我们还要注意，与人交流时小动作不要太多，动作幅度也不要太大，不要用拇指指自己的鼻尖或用手指指点他人，这些都是不礼貌的行为。当我们借助手势谈到自己时，要用手掌轻按自己的心口，这样显得端庄、大方、可信。而且当我们运用手势语言时，一定要考虑到不同地域之间的文化差异，切忌乱用，以免造成不必要的误会。

那么，在实际的交流中，我们又该怎样对这些手势加以解读呢？下面这几种常见的手势语言，我们大多在不经意间用到或见到过，从下面的解读中就可以看出，手势的细节中隐藏着很多信息量！

## 1. 用手遮住嘴巴

下意识地用手遮住嘴巴，表示说话者试图抑制自己说出那些谎话。有时候人们是用几个手指或紧握的拳头遮着嘴，但意思都一样。有的人还会假装咳嗽来掩饰自己遮住嘴巴的手势。

对于会议的发言人来说，如果在发言时看到有听众捂着嘴，那是非常令人不安的手势之一，那表示他们认为你可能隐瞒了某些事情。遇到这种情况，你应该停止发言并询问听众："大家有什么问题吗？"或者说："我发现有的朋友不太赞同我的观点，让我们一起探讨一下吧。"

值得注意的是，听众们双臂在胸前交叉的动作，与遮住嘴巴的手势有着相同的含义。

## 2. 用手触摸鼻子

触摸鼻子的手势一般是用手在鼻子的下沿很快地摩擦几下，有时甚至只是略微轻触。和遮住嘴巴一样，说话者触摸鼻子意味着他在掩饰自己的谎话，聆听者做这个手势则说明他对说话者的话语表示怀疑。

不过，我们必须牢记一点，触摸鼻子的手势需要结合其他的身体语言来进行解读，有时候人们做出这个动作只是因为花粉过敏或触摸鼻子的手势者感冒。辨别是否撒谎的方法就是，单纯的鼻子发痒往往只会引发人们反复摩擦鼻子这个单一的手势，而和整个对话的内容、频率和节奏没有任何联系。

## 3. 用手摩擦眼睛

当一个小孩不想看见某样东西时，他会用手遮住自己的眼睛。大脑通过摩擦眼睛的手势企图阻止眼睛目睹欺骗、怀疑和令人不愉快的事情，或是避免面对那个正在遭受欺骗的人。电影演员们常用摩擦眼睛的手势表现人物的伪善。

交往过程中，男性一般更明显地做出这个动作。当有人遇到自己不想看到的情况时，往往会使劲揉搓眼睛；如果他试图掩盖一个谎言，则很可能把脸转向别处。相比而言，女人更少做出摩擦眼睛的手势，她们一般只是在眼睛下方温柔地轻轻一碰。不过，和男人一样，女人们撒谎时也会把脸转向一边，以躲开听话人注视的目光。

## 4. 用手抓挠耳朵

小孩为了逃避父母的责骂会用两只手堵住自己的耳朵，抓挠耳朵的手势则是这一肢体语言的成人版本。抓挠耳朵的手势也有多种变化，包括摩擦耳廓背后，把指尖伸进耳道里面掏耳朵，拉扯耳垂，把整个耳廓折向前方盖住耳洞，等等。

当人们觉得自己听得够多了，或想要开口说话时，也可能会做出抓挠耳朵的动作。抓挠耳朵也意味着当事人正处在焦虑的状态中。

## 5. 用手抓挠脖子

通常做这种手势的动作时，会用食指抓挠脖子侧面位于耳垂下方的那块区域。我们根据观察得出的结论是，人们每次做这个手势，食指通常会抓挠5次，食指运动的次数很少会少于5次或者多于5次。这个手势是疑惑和不确定的表现，等同于当事人在说"我不太确定是否认同你的意见"。

当口头语言和这个手势不一致时，矛盾会格外明显。比如，某个人说"我非常理解你的感受"，但同时他却在抓挠脖子，那么我们可以断定，实际上他并没有理解。

## 6. 拉拽衣领

撒谎会使敏感的面部与颈部神经组织产生刺痒的感觉，于是人们不得不通过摩擦或者抓挠的动作消除这种不适。这种现象不仅能解释为什么人们在疑惑的时候会抓挠脖子，它还能解释为什么撒谎者在担心谎言被识破时，就会频频拉拽衣领。这是因为撒谎者一旦感觉到听话人的怀疑，升高的血压就会使脖子不断冒汗。

做出这种手势的另外一种情况就是，当一个人感到愤怒或者遭遇挫败的时候，也会用力将衣领拽离自己的脖子，冷却心头的火气。

## 7. 手指放在嘴唇之间

将手指放在嘴唇之间的手势，与婴孩时代吸吮母亲的乳头有着密切的关系，是潜意识里对母亲怀抱里的安全感的渴望。人们常常在感受到压力的情况下做出这个手势。幼儿会将自己的拇指或者食指含在嘴里，作为母亲乳头的替代品，而成年人则表现为把手指放在嘴唇之间，或者吸烟、叼着烟斗、衔着钢笔、咬眼镜架、嚼口香糖等。

# 把闲聊变成一次漂亮的自我推销

关键是要有正确的态度和动机，根据谈话对象所属的人群来决定采取哪一种谈话策略。

在日常的人际交往中，闲聊可能占了沟通的大部分时间，会比谈正事的时间更多。如果留心观察的话，你就会发现高明的推销员往往不是一上来就开始推销自己的产品，而是先寒暄几句后便开始闲聊。不要觉得东拉西扯的闲聊没有实际意义，如果没有它们做铺垫，可能很多生意最后都谈不成。

小汪是一家房地产公司的业务员，有一次他去拜访客户，在客户家的书桌上发现了一张十多岁男孩的照片，照片装裱得很精致，可见客户对照片中的男孩十分疼爱。于是，小汪一开口便就着这个话题与客户攀谈起来："请问，这是您家的公子吗？"

客户对自己的儿子这个话题十分感兴趣，饶有兴致地向小汪介绍了很多关于儿子的事情，还表达出自己为儿子感到自豪的心情以及对他未来安排的纠结。而小汪也是不紧不慢地听着客户的唠叨，一点儿也没有表现出不耐烦的样子。

就这样，两个人聊了很久。小汪见客户已经完全放下了戒备心理，这才开始谈正事。然而当询问了客户的购房需求后，小汪遗憾地表示客户期望的经济型户型已经没有了，不如提高一些预算，购买稍微大一些的户型，这样性价比也高一些。可是客户询问清楚价格后，无奈地摇了摇头。这时，机智的小汪想到了客户的儿子，便建议道："您看，您的儿子很快就长大了，到时候他也需要足够的空间吧！"有了这个理由，结果客户很快就被说服了。

在这个案例中，小汪运用开场闲聊的方式给了客户充足的亲切感，迅速建立起互相信任的关系，不仅让对方自动卸下戒备，还为下一步的洽谈奠定了基础，找到了说服客户的理由。

其实，在其他的场合也是一样的，人们总是喜欢谈论自己感兴趣的话题，借由一场愉快的闲聊加深彼此的印象。换句话说，即便你没有打算推销什么商品，你也要随时做好推销自身形象的准备，因为让对方对你产生好感，是接下来一切交往的前提。

那么如何把闲聊变成一次漂亮的自我推销呢？关键是要有正确的态度和动机，根据谈话对象所属的人群来决定采取哪一种谈话策略。

闲聊的内容并不固定，只要是大方得体、不引起对方反感的都可以，比如八卦、笑话、热点新闻以及个人心情等，都能在彼此间建立情感链接。当然，闲聊绝不是漫无目的的行为，而是为了打下友谊基础，使后面的正事沟通起来更高效、更顺畅。

对于"社恐"人群来说，闲聊的沟通技巧也是一种相对轻松而愉快的社交方式。在社交中，闲聊能起到润滑剂的作用，无论是家人聚餐还是同学聚会，只要是有人的地方就少不了要闲聊几句。不要小看这几句简短的话语，它有时能流露出人们最本真的想法和期望。当你了解并掌握了这种沟通技巧的时候，你就会发现，自己正在有意识地转变为一个亲切随和的人，同时也会开始考虑自己是否对他人有价值，是否有能力并且乐意帮助他人，从而赢得对方的青睐，拓展自己的人脉。

在闲聊的时候，通常要注意以下几个问题。

### 1. 宜言简意赅，忌长篇大论

闲聊不是什么正式会议，不要搞得像入职培训一样，什么事都要事无巨细地交代清楚。要用简练、清晰的语言拣重点来说，这样才能给对方留出回应的时间。另外，也不要频频打断对方的话，要学会做一个优秀的倾听者，这也体现了你对对方的尊重。如果你觉得话题没什么意思，也不要直接冒犯对方，可以将目光缓缓移开，或者缩短发言的内容，用一种温和自然的方式结束当前的话题。

### 2. 表达中要有自己的观点

闲聊之所以能快速认识一个人，就是因为其中包含很多个人的观点和意见，这样你就能从中分析出对方的好恶，知道双方有哪些共通之处，也就加深了彼此之间的了解。同样的道理，你也要把你的偏好信息告诉对方，这样才能进一步确立你们之间互相信任的关系，并引出两人共同喜欢的话题。

### 3. 要注意谈话双方之间的互动性

俗话说，"孤掌难鸣"。交际不是一个人能完成的事，谈话的过程必须由双方你一言我一语交替完成。当我们清楚地表达了自己的观点后，可以试探性地询问对方"你怎么看"，用提问的方式来鼓励对方打开心扉。除此之外，也可以提出一些具有开放性和挑战性的问题，不仅便于对方回应，还能给闲聊增添一些趣味性。

# 沉默，是一个成年人的高级自律

不要轻易相信从别人嘴里传达出的另一个人的信息。同时，与别人沟通时也不要四处散播毫无根据的话，否则就真的是在散播谣言了。

人和人之间的沟通，即使是闲聊，也难免出现双方对某个事件理解上的偏差，更何况这个事件还可能是从另外的人那里听来的，或者自己只凭借一点儿表面现象就做出了所谓的论断。那么当两人的"论断"出现分歧时，既能保全彼此之间的友好关系，又能展现君子风度的交际方式就是沉默。这是作为一个成年人的高级自律。

为什么这么说呢？因为这样的话题如果再进行下去，个人臆测的成分就会更高，甚至脱离事情本来的性质，谣言就是这样产生的。如果一件事本身的真实性就值得怀疑，再加上传播的过程中又会造成信息的缺失，就会使得听者接收的信息已经和事情的本来面目相差很大了。一传十，十传百，差得就会越来越离谱，这就是散布谣言给人们带来伤害的原因。

最有力证明这一点的是中国历史上"穿井得一人"的故事。

春秋时代的宋国，地处中原腹地，缺少江河湖泽，而且干旱少雨。农民种植的作物，主要靠井水浇灌。

有一户姓丁的农家，种了一些旱地。因为他家的地里没有水井，浇起地来全靠马拉驴驮，从很远的河汊取水，所以经常要派一个人住在地头用茅草搭的窝棚里，一天到晚专门干这种提水、运水和浇地的农活。日子一久，凡是在这家住过庄稼地、成天取水浇地的人都感到有些劳累和厌倦。

丁氏与家人商议之后，决定打一口水井来解决这个困扰他们多年的灌溉难题。一家人起早贪黑，辛辛苦苦干了半个多月才把水井打成。当丁氏从井里提起第一桶水时，全家人欢天喜地，高兴得合不上嘴。从此以后，他们家再也用不着总是派一个人风餐露宿、为运水浇地而劳苦奔波了，这样就可以省出一个人力来做别的活。于是丁氏逢人便说："我家里打了一口井，还得了一个人力哩！"

然而谁也没有留意是谁把丁氏打井的事掐头去尾地传了出去，最后有人说："丁家在打井的时候从地底下挖出了一个人！"以致一个小小的宋国被这耸人听闻的谣言搞得沸沸扬扬，连宋国的国君也被惊动了。宋国国君想："假如真是从地底下挖出来了一个活人，那不是神仙便是妖精。非打听个水落石出才行。"为了查明事实真相，宋国国君特地派人去问丁氏。丁氏回答说："我家打的那口井给浇地带来了很大方便。过去总要派一个人常年在外搞农田灌溉，现在不用了，从此家里多了一个干活的人手，但这个人并不是从井里挖出来的。"

这个故事寓意很明显，它告诉我们，不要轻易相信从别人嘴里传达出的另一个人的信息，同时也在劝诫我们，与人沟通时不要四处散播毫无根据的话，否则就真的是在散播谣言了。所谓散布谣言，就是说别人的闲话，即"到处闲扯，传播一些无聊的，特别是涉及他人隐私的谎言"，换句话说，就是背后对他人品头论足。

一个人说另一个人的闲话，或多或少都有一定的私心，或者是为了发泄心中的不满，或者是为了满足他的某种阴暗、狭隘的心理。他们或透露一些别人的隐私，或影射一下别人的人格，不管是直接散布，还是委婉传播，不管是添油加醋，还是扬沙子泼凉水，都是对人际关系的一种亵渎、一种践踏，不利于人与人之间的团结合作，更不利于彼此之间的和睦相处。这是沟通中非常忌讳的事情之一。

一些无聊空虚和无所事事的人，听到那些琐碎的、无关自己痛痒又涉及别人隐私的话，就会一传再传，而且添油加醋，使整个事件严重起来。可见，谣言是非常可怕的，它就像瘟疫一样很容易扩散开来，给我们的生活和工作带来极大的麻烦。

《战国策》上有这样一个故事。有一次，孔子的弟子曾参告别了老母亲，离开家乡，到费国去。不久，费国有个和曾参同姓同名的人杀了人。有人听到这个消息，也没有弄清情况，就去告诉曾参的母亲："听说你的儿子在费国杀死人了。"这时，曾参的母亲正在织布，听了这个消息，头也不抬地回答说："我的儿子是绝不会杀人的！"她照样安心地坐着织布。过了一会儿，又有人来说："曾参杀人了！"曾参的母亲仍不理睬，还是织她的布。过了不久又跑来一个人，同样说："曾参杀人了！"听了第三个人的报告，曾参的母亲害怕了，立即丢下手中的梭子，急急忙忙地跳墙跑了。

古语说，"众口铄金""三人成虎"。面对谣言一次又一次的攻击，连曾母这样深明大义的人都相信它是事实了，更何况像我们一样的凡夫俗子呢！谣言的杀伤力由此可见一斑。爱散布谣言的人，在其所处的社交圈中，是绝不会漏过一个人的，不管别人说什么、做什么，他都能自成一体地创造一些情节、事端，令无辜的人恐慌，甚至陷入深深的苦恼中。这样的人，相信每个人都对他深恶痛绝，绝不会情愿与他交朋友的。

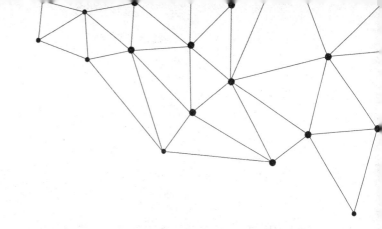

# 第三章
# 做事知轻重，为你赢得真朋友

交朋友不在于多少，而在于是否真心。知心的朋友，一生得一足矣！因此，社交的质量远比数量更加重要。要想通过人脉改变自己的生活，就必须妥善地处理好自己与周围人的关系，加深彼此间互相信赖的程度，让每一个值得交往的人都变成真心付出的朋友。当然，这一切都是建立在尊重对方的心情，做事把握好轻重的基础上的……

## 换位思考，多想想你能给他人带来什么

要使一个人做任何事情，唯一的方法就是使他自己乐意去做，而让他乐意去做的最好方法就是符合他的需要。而不同人的需要是很不相同的，所以只有在你的计划适应别人的需要后，它才会有实现的希望。

很多时候，我们想的是别人能为自己做什么、别人能给自己什么，却从来不问"我能为别人做些什么"。

其实，很多社交高手都把"认真听别人说话"当作自己的法宝。比如，台湾作家高阳在描写"红顶商人"胡雪岩时，就曾经这样写道："其实胡雪岩的手腕也很简单，胡雪岩会说话，更会听话，不管那人是如何言语无味，他都能一本正经、两眼注视，仿佛听得极感兴趣似的。同时，他也真的是在听，紧要关头补充一两语，引申一两点，使得滔滔不绝者，有莫逆于心之快，自然觉得投机而成至交。"

你或许也曾经碰到过这样的产品推销员，他们在和你交往的时候显得

相当"会做人"，不论是面对谁，他们总是会表现得像对方这辈子最要好的朋友一样，尽其所能地关心对方。可有一次，一位客户因为用了这位推销员推销的产品而产生不良反应，打电话请他帮助处理一下，这位推销员却拖了两个月之久，最后甚至连这个客户的电话都不接了。

现实中，这样的人其实真的不少，这种只索取却不给予的"单向收费""过河拆桥"的不负责任的做法，使他们的职业形象一落千丈。所以，无论你再怎么笑容可掬、口吐莲花，如果你不能站在对方的立场用心替他人考虑，甚至影响到别人的实际利益，再好的交情都没用。

如果你想成为一名优秀的社交专家，你就应重视别人的需要，对别人感兴趣，问别人喜欢回答的问题，鼓励他谈谈自己和他的成就。请记住，对别人来说，他只会对自己的需求、自己的问题更感兴趣，而不是你的问题。别忘了这点，尤其是当你下次开始跟别人交谈的时候！

卡耐基在8岁的时候，有一次到姨妈家过周末。有位中年男人前来拜访，他跟姨妈聊过之后，就和卡耐基聊了起来。

卡耐基这个时候对帆船非常痴迷，而对方似乎对帆船也很感兴趣。他们俩的谈话一直以帆船为中心，两人很快成了好朋友。客人走后，卡耐基对姨妈说，他很喜欢这位来客，因为那个人也特别喜欢帆船！但姨妈却告诉他，那个男人其实对帆船一点儿也不感兴趣，他是一位律师。

卡耐基不解地问："那他为什么一直都在谈帆船呢？"

姨妈告诉小卡耐基："因为那位先生是一位君子，他愿意谈一些使别人高兴的事！"

这件事让卡耐基深受教育，直到成人后，他还时常想起那位律师富有魅力的行为。

所以，想做一个真正的君子、一个有社交吸引力的人，方法并不复杂，那就是在交谈的时候，你要发自内心地对别人的话题感兴趣，而不是把谈话的焦点集中在自己身上。

在与人交谈时，你要保持一种宽宏的气量。当你选择的话题过于专业，众人不感兴趣时，应立即止住；也不要滔滔不绝地表现自己的学识，而是要善于聆听，做出回应，才能真正做到有效的双向交流。要知道，聆听也是一种艺术，没有聆听，就不能真正地交谈。在与刚认识的人谈话时，你应该看着他，对他所讲的话题有反应，并鼓励他继续说下去。

要知道，有效的沟通不是无聊的闲谈，它的目的在于互相发现和了解。很多人无法给他人留下良好的印象，只因为他们不能专心地倾听对方说话，而只是一味地思考自己下一句该说些什么。所以，如果希望他人喜欢你，你就要做一个有耐心的听众，鼓励别人畅所欲言。要让对方觉得，他很受你关注和尊重，而且他很乐于和你交谈。接下来就是使之成为你的习惯、你的下意识行为，那么人人都会喜欢跟你说话的。

所以，在与他人交往或生活时，每个人都应该换位思考一下，尽可能体会并满足他人的需求，这样才能建立好的人际关系，减少交往中的摩擦和困难，达到双赢的效果。

# 绝对的强势不如友善的沟通

示弱是一种高超的智慧，可以减少乃至消除不满或嫉妒。因为人们习惯于同情弱者，却总对过于完美的人和事心怀警惕……

人们都说，谦虚是一个人持续成功的保障。人和人是平等的，没有谁比谁尊贵，更不能妄图什么事情都要别人听自己的，沟通中的双方也是如此。许多人为了显示自己的口才，或者想达到说服别人的目的，更乐意采取尖酸刻薄的态度，凭借自己的优势以咄咄逼人的气势来压倒别人。但是结果却常常事与愿违，非但难以令别人同意，还容易引起强烈的负面反应。

一辆满载乘客的公共汽车上，一个年轻小伙子不小心踩到了一位老大爷的脚。老大爷脾气不好，张口就说："你说你这么大一小伙子，欺负我这么大岁数的人？"

小伙子原本想对自己的行为道歉的，可是老大爷的话实在让他反感，愧疚心理马上消失得无影无踪。他忍了半天说："踩了就踩了，可我什么时候欺负你了啊？"

老大爷更加不高兴了："得得得，现在的年轻人都不学好。我看你那样儿就不像个好人！"

这下小伙子可火了："你这人怎么说话呢？"边说边要往前冲，车里的人左劝右劝，好不容易才让他俩消了气。

生活中这种因为鸡毛蒜皮的小事而引发的大问题实在不在少数，故事中老大爷的做法很明显地就属于典型的得理不饶人。本来只是小事一桩，可是为这么一点儿小事斤斤计较，让自己显得很刻薄、很强势，不但形象大打折扣，还害得双方心里都不痛快，何苦呢？

在我们身边还有一种人喜欢以自己的权威来压倒别人，但是这种沟通效果又如何呢？

王建是一个科研项目的主要负责人，林森是他的助手。他们因为对一个实验的结果有不同的看法而起了争执。林森说这次实验的意义非常重大，所以有必要再精确地做一次，以防万一。而王建则说这种实验既耗时又费力，而且现在离交付给客户的时间已经不多了，没有必要再做了。

林森对王建的这种工作态度很不满意，说："我们自己辛苦点没有关系，但要对客户负责，要对自己的职业道德负责。"脾气暴躁的王建一听到这些话就有些火了，大声叫喊道："你说我不负责？我哪一次没有对客户负责了？况且这样的实验我做了不止一次，还用不着你来提醒我。而且我告诉你，我是这个项目的负责人，一切都要听我的，如果出现了不好的后果，我一个人承担责任，不会连累你的！"

林森看着王建铁青的脸，几次想再争辩几句，但最终还是没说什么，转身走了。

有一句话说："人只有敬服的，没有打服和骂服的。"希望依仗强势来压倒对方，即使表面上对方服输了，但是这也只是暂时的，他们的内心肯定不服气。毕竟，人人都有自尊，当自尊心被刺伤后，留给心灵的是伤痕，传给情绪的是仇恨，而理智则早已不复存在。其实，每个人都知道，唯有靠对方内心的认可才有可能令对方心服口服，但是具体的方法却要因人而异。

交流最基本的就是要尊重对方，懂得对方的心思，不要动不动就拿出自己的那一套标准来指导别人。也不要把自己看得高人一等，动不动就教训别人，显示自己的聪明。最起码要把彼此都放在同一个水平上，这样才能保证交流的顺畅进行。要知道温和友善要比愤怒粗暴更有力，更能很好地解决问题。

顾小白有一段时间生活很拮据，因此，他希望自己的房租能够降低。但他知道房东是一个非常难缠的人，虽然如此，他还是想尝试一下，于是就写了一封信给房东。信上说："我现在通知你，合约期已满，我立刻就要搬出去。但事实上，我不想搬走，如果租金能减少，我愿意继续住下去。但看来并不可能，因为其他房客都对我说，房东很难打交道。但是，我对自己说，现在我正在学习为人处世这一课，也不妨试试，看看是否有效。"

顾小白的房东一接到信，就很快找到了他。顾小白站在门口欢迎房东的到来，充满了善意和热忱。交谈的开始，顾小白并没有谈房租太高，而是强调自己是多么喜欢他的房子，称赞房东管理有方，并表示自己很愿再住一年，可是却实在负担不起昂贵的房租。

　　房东显然从未见过一个房客对他如此热情，他简直不知道该怎么办才好。接下来，房东开始诉苦，抱怨房客，说其中的一位给他写过14封信，内容太侮辱他了。另一位房客则威胁他如果不能制止楼上那位房客打鼾的话就要退租。"有你这种满意的房客，多令人轻松啊！"房东对顾小白交口称赞。

　　很显然，顾小白和房东的沟通成果是令人满意的。在顾小白没有提出要求之前，房东就主动要减收一些租金。"但这还是一个比较高的数字。"顾小白说出了自己能负担的数字，而房东什么都没有说就同意了。当他离开时还转身问道："有没有什么要为你装修的地方？"

　　这就是友善沟通的力量，比那些强势的方法有效得多。如果顾小白按照其他房客的方式要求减租的话，一定会碰到同样的阻碍。

## 与人结交，交心为贵

真正的做人情是不能拿利益作取向的，你要想朋友之所想，急朋友之所急，在他最困难、最需要帮助的时候，施以援手。如果真的想在社交上获得成功，就要付出真情。

在现实生活当中，为了办成事，人们会运用各种各样的方法，甚至用一些不可取的方式。虽然，各种各样的方法都能收到一定的效果，但是中国人讲人情，你敬我一尺，我敬你一丈；投之以李，报之以桃。真正的人情关系必须是交心的。

春秋战国时期的魏国大将吴起非常懂得人情的重要，他经常对自己的部众嘘寒问暖，他的手下都很感动。一次，他手下的一个士兵受了重伤，吴起亲自为他煎药，在吹鼓炉火时，不小心烧着了胡须。旁人赶来，他莞尔一笑，说："区区胡须，有何重要？如果他喝下这碗药能够康复，那折去全部胡须也值得了！"受伤的士兵听到，感动得涕泪满面，誓死报答吴起的恩情。身为全军统帅，能够亲自为自己的士兵煎药，这确实算得上情深义重了。后来那位士兵真的在一次危机中用自己的生命报答了吴起的恩情。

试问，这世间还有哪一件武器能比人情的杀伤力更大呢？这就应了中国的一句古话，叫作"士为知己者死"。古人把他人，尤其是地位高于自己的人对自己的平等看待提升到了知己的高度，并愿意为之付出生命的代价。

中国是个讲究人情的大国，可以说人情是事业成功的因素之一。我们平时结人脉，留人情，目的就是营造一个好人缘，有了好人缘才能左右逢源、事事顺意。在这样一个以经济为核心的社会，我们都知道求人办事是最难的，很多心高气傲的人说"宁要人求我，莫要我求人"，这是对现实情况的一种写照。

如果之前毫无关系就去求人办事，这样太被动也太难。可是，如果你求助的人正好欠着你的人情，那结果可就大相径庭了，甚至你都不用自己开口，人家就会帮你把事情摆平。

一个正常的社会人，不可能不欠人情，只要他和别人发生了任何的联系，就必然涉及了人情的欠还。如果一个人发生的人情交易越多，那么这个人造成的影响就越大。

人情要做就做到位、做好，使事情向自己预期的、积极的方向发展。真正的做人情是不能拿利益作取向的，你要想朋友之所想，急朋友之所急，在他最困难、最需要帮助的时候，施以援手。

著名的学术大家钱锺书先生一生过得平淡，在困居上海孤岛时，他着笔开写《围城》。那时正值他窘迫的日子，每日"卷袖围裙为口忙"，后来保姆也辞退了，由夫人杨绛操持家务。当时钱锺书的学术作品根本没人买，他写《围城》的动机里就掺有了挣钱养家的成分。但是他一天只写500字，这哪里是商业性的写作速度？这时黄佐临导演执导了杨绛的四幕喜剧《称心如意》和五幕喜剧《弄假成真》，并及时支付了酬金，钱锺书一家才得以渡过难关。

时隔多年，钱锺书先生已成闻名人物，他唯一的小说《围城》成为很多导演争夺的对象，然而唯有黄佐临导演之女黄蜀芹独得钱锺书亲允，开拍电视连续剧《围城》。这里有一个原因，那就是她老爸黄佐临曾经给钱锺书先生写过一封亲笔信。钱锺书先生的为人就是这样，有人帮过他，他便记一辈子的好。黄佐临四十多年前的义助之恩，钱锺书先生自然要报。

中国人讲究投桃报李。别人帮助了自己，一定会铭记于心，想方设法回报别人，牢牢记得别人的好，一旦有机会，就会倾力相助。

# 人情有来有往，切忌爬高踩低

交朋友不能带着功利的目的，做人最忌爬高踩低，既不能眼看别人富贵就巴结攀附，也不能眼看别人落魄就冰冷漠视。

中国有句古话，"济人须济急时无"。在我们身边的朋友中，既有逐步攀升的人，也有渐渐没落的人。得意的人身边有大批人包围着，可能没有觉得你的存在对他有多重要的作用。但是相反，不得志的人身旁则无人靠拢，若是你能够适时给予安慰和支持，那么在他的心中，你就会成为分量最重要的人，被当作可以共患难的挚友。俗话说，"滴水之恩，当以涌泉相报"。当你需要帮助时，当初的人情一定会为你带来一阵及时雨。

但是，交朋友不能带着功利的目的，做人最忌爬高踩低，既不能眼看别人富贵就巴结攀附，也不能眼看别人落魄就冰冷漠视。对一个身陷困境的人，一枚铜板的帮助可能会使他缓解一下极度的饥饿和困苦；对一个执迷不悟的浪子，一次促膝长谈可能会使他脱胎换骨重新做人。常言道，"风水轮流转"。对一个陌生人很随意的一次帮助，可能也会使那个陌生人悟到善良的难得和真情的可贵，他日说不定他看到有人遭难时，会很快从自己曾经被人帮助的回忆中汲取勇气和仁慈。

北宋名相司马光并非一直春风得意，在他失意赋闲在家时，他一度消沉。好在他热爱读书，喜欢交朋友，与友人一起举杯小酌，谈古论今，时光也好打发。

司马光当宰相后日理万机，案头文书堆积如山，其中有不少是旧友来函。这些人在给司马光的信中，多半是回忆旧情，欲勾起司马光的怀旧情结，然后就是叙述个人目前处境如何不好，大有怀才不遇的感叹，继而或暗示或恬不知耻地表示希望得到司马光的提携……

司马光对这些来信并不是每函必复，对其中啼饥号寒者有时也给以恰当的接济；对有意进取功名者复函表示鼓励；对厚颜讨官要爵者则置之不理。

司马光之所以这么做，并不是全然不念旧情。人情冷暖，他是心知肚明的。他有时也忆起故旧，对旧友中那些德行好、有才气的，他是忘不掉的。

这一天，史馆的刘器之来拜望司马光。两人谈完公事后，司马光问刘器之道："器之，你可曾知道，你是怎样进入史馆的？"

"知道知道！若不是君实（司马光的字）兄为荐，器之将依旧是布衣寒士……"

不等刘器之说完感恩图报之类的话，司马光又问他道："那你可知我为何要推荐你呢？"

"知道知道！这完全是君实兄有念旧之情……"

"哈哈！这点你就说错了！我的故友旧交倒确实不少，如果仅因念旧而荐人，那朝廷里不到处都会有我的旧友？"

刘器之听后一时茫然，他静待司马光说下去。

司马光接着说道："在我赋闲居家时，你经常去我那里。我们在一起谈文论史，各抒己见，有时还争得面红耳赤。回想起那段时光还真有些意思。我当时心情不好，你常常宽慰我、鼓励我。我那时无权无势，能有你这样的朋友，真是幸事！后来我做了官，如今已是宰相，那些过去的泛泛之交，甚至仅见过一面、对答过几句话的人都纷纷给我来信，借叙旧为名行要官之实。可只有你是从不给我来信的人！你并不因为我居高位而生依附之心，你对我一无所求，依旧埋头读书做学问！对失意人不踩，对得意人不捧，这就是你与其他人的最不同处。我就是冲着这一点才竭力向朝廷推荐你的……"

刘器之听罢，起身对司马光深深一揖："君实兄知我，我由此更知君实兄了！"


朋友之间，不要去落井下石，要学会嘘寒问暖，否则你失去的不仅是朋友，更是你的品行。

俗话说："患难见真情。"只有在别人危难的时候，方可看出人情的冷暖。倘若在朋友落魄时给予一点帮助，无疑就是雪中送炭，他们也定会视你为一生的知己。

虽然很少有人能做到"人饥己饥，人溺己溺"的境界，但我们至少可以随时体察一下暂时不得势的人的需要，时刻关心他们，帮助他们脱离困境，当他们遭遇挫折而沮丧时，我们给予他们鼓励。这样不仅维系了感情，而且一旦哪天落魄的朋友时来运转了，这份友情也会为你带来意想不到的帮助。

## 失意人面前，不说得意事

人们做事能否成功，往往并不取决于动机是否正确，而是取决于方法是否恰到好处。然而有些人就是不懂礼节，好像就怕别人和自己的关系太好，拼命地用自己的得意去衬托别人的失意。

我们应该都有过这样的经历，当生活或工作非常顺心时，跟朋友们聚会就会忍不住多喝两杯，聊天时的神态和语气也会欢快很多，春风得意的神情总是在不经意间流露出来。这当然无可厚非，但是如果身边在座的有某位郁郁不得志的朋友，那么你的得意就会使他产生刺痛的感觉，可能让他误以为你在故意炫耀，嘲笑他，从而影响你们之间的感情。

人生没有一帆风顺，每个人或多或少都会遇到一些不如意的事。设想一下，如果你失意时听到别人吹嘘自己过得如何顺风顺水，你是否也会心生厌恶之情呢？所以，设身处地地思考过之后，我们就能明白，对失意人说得意事，无异于往对方的伤口上撒盐，这样会破坏自己在朋友心目中的形象，对自己的人际关系造成严重的负面影响。

有一次，老梁约了几个朋友来家里吃饭，这些朋友彼此间都很熟悉。老梁把他们聚在一起主要是想借着热闹的气氛，让心情不佳的老洪放松一下。在不久之前，老洪的公司因为经营不善破产了，他的妻子也因为不堪生活的重压，正与他闹离婚。内外交困之下，他感到很难受。大家都知道老洪目前的遭遇，因此都不约而同地避免谈及与事业有关的事。可是爱喝酒的老肖没能管住自己，几杯酒下肚，就开始大谈自己的风光。老肖那阵子正好赚了不少钱，于是他就显摆起自己赚钱的本领，并不断地对老洪说："老洪，亏那点儿钱算什么呢？跟我混，不用半年，保证全赚回来。"老肖一边说话，一边拍着胸脯，那得意的神情，别说失意的老洪看了不舒服，其他的人也看不过眼。结果闹得大伙儿都很尴尬，话题明显越来越少，只听老肖高谈阔论。老洪更是低头不语，脸色非常难看，一会儿说去上厕所，一会儿说去打电话。

　　后来大家都早早散了，老梁送老洪出去时，老洪忍不住愤愤地说："赚钱多很了不起吗？这么得意干什么？"

　　在失意之人面前说自己的得意，这是不懂人心的做法。现在有些人就是不懂礼节，好像就怕别人和自己的关系太好，拼命地用自己的得意去衬托别人的失意。老肖或者真的有心帮助老洪走出困境，但是我们必须清楚一点：人们做事能否成功，往往并不取决于动机是否正确，而是取决于方法是否恰到好处。比如别人事业失败，跟你诉苦，与其以成功者的姿态来指导，不如告诉他，你当年跌得比他更惨，是一点一点又做起来的，使他明白"失败是成功之母"，鼓足干劲，以图东山再起，相信他日一定会如你一样成功。当然，你所说的可能不一定真实。但你必须知道，他人向你诉说自己的失意之事，只是想从你口中得到一番安慰。所以你讲一点儿自己的失意之事，让他们从你的身上看到自己还有"得意"的机会，就算说一些善意的谎言又何妨呢？

然而老肖当时完全没有顾及这些，他的张扬和得意让老洪更加不好受。这到底是帮人，还是损人呢？

我们不妨扪心自问，自己失意之时，若他人在我们面前大谈他的得意之事，我们的感受会怎样呢？当你有了得意之事，不管是升了官，发了财，还是一切都觉得顺利的时候，都不应该在失意人面前高谈阔论，要体谅他们的心情。处于失意之中的人，对一切都很敏感，即使你是无心之语，也有可能会伤害了对方的自尊。总的来说，我们在叙说的时候，要注意面前对象的心情。假如你和得意的人谈失意的事，对方可能会应付你，很少会表示真实同情，甚至对方还有可能会误会，以为你是要请他帮忙，这样一来，他很可能就会预先带着防备心与你交流，而无法长谈。假如你和失意的人谈得意的事，这是不懂人心、不知趣的做法，对方会觉得你简直是在挖苦他、讥讽他，他对你的印象就会变差。

因此，如果你要诉苦，不妨找处境相似的人，同病相怜，同是天涯沦落人，彼此理解，这样才能得到精神上的安慰。同样，如果你人生得意，则要找同样得意的朋友，一起出去庆贺。这样彼此才能玩得痛快自在，而不必担心出现话不投机的尴尬。

## 别把利益看太重，能送炭时别撒盐

人对金钱的标准，往往因状况不同而有很大差异。因此会送礼的人懂得雪中送炭远比锦上添花更有意义。

人不能把利益看得太重，别人患难时拉一把，别人一定会铭记在心。锦上添花的事，人们大多会做，而雪中送炭的事却不见得有多少人去做。

其实，锦上添花和雪中送炭都是给别人的一种帮助。可是究竟哪个更让人铭记于心呢？这就应该从受助者那里寻求答案了。

假设这样一个场景：冬天，天下大雪，你却只有一件薄毛衣可以取暖，看着大片大片的雪花被怒号的北风吹进破茅草屋。你冻得瑟瑟发抖，可是连一块木炭都没有。正在你孤立无助的时候，门吱呀一声响了，一个人浑身上下都是雪，他给你带来一大袋子木炭，一袋可以温暖生命的木炭！你的内心会做何感想呢？

人在困厄消沉中，有人向他伸出的援助之手，可以使人产生长久的感恩之情。人对金钱的标准，往往也因状况不同而有很大差异。因此会送礼的人懂得雪中送炭远比锦上添花更有意义。

雪中送炭，对于你来说付出的也许并不多，但是能在关键时刻帮别人一把，别人也会对你心存感激。对于一个身陷困境的穷人，一枚铜板的帮助可能会使他握着这枚铜板缓解一下极度的饥饿和困苦，或许还能干番事业，闯出自己的天下。

三国争霸之前，周瑜并不得意。他曾在军阀袁术部下为官，被袁术任命为小小的居巢长，一个小县的县令罢了。

这时候地方上发生了饥荒，年成既坏，兵乱间又损失不少，粮食问题日渐严峻起来。居巢的百姓没有粮食吃，就吃树皮、草根，活活饿死了不少人，军队也饿得失去了战斗力。周瑜作为父母官，看到这悲惨情形急得心慌意乱，不知如何是好。

有人献计，说附近有个乐善好施的财主鲁肃，他家素来富裕，想必囤积了不少粮食，不如去问他借。

周瑜带上人马登门拜访鲁肃，刚刚寒暄完，周瑜就直接说："不瞒老兄，小弟此次造访，是想借点粮食。"

鲁肃一看周瑜丰神俊朗，显而易见是个才子，日后必成大器。他根本不在乎周瑜现在只是个小小的居巢长，哈哈大笑说："此乃区区小事，我答应就是。"

鲁肃亲自带周瑜去查看粮仓，这时鲁家存有两仓粮食，鲁肃痛快地说："也别提什么借不借的，我把其中一仓送与你好了。"周瑜及其手下一听他如此慷慨大方，都愣住了。要知道，在饥馑之年，粮食就是生命啊！周瑜被鲁肃的言行深深感动了，两人当下就交上了朋友。

后来周瑜发达了，当上了将军，他牢记鲁肃的恩德，将他推荐给孙权，鲁肃终于得到了干事业的机会。

在别人最需要帮助时，你出现在他面前，并给他以帮助和鼓励，不仅会获得对方的感激之情，也会树立起你重情意的良好形象。比如，当亲朋好友或者亲属去世，应及时备礼以示哀悼；朋友家碰上意外之灾，你及时去看望他们，即便送上一份薄礼，但礼轻情意重，它会使你和朋友之间的感情更加深厚。

# 树大要剪枝，人脉需管理

选择好的圈子是一种运气，逃避不利的圈子则是一种睿智。金子总是不容易挖到的，因为真正的金矿总是很难寻觅，每个人都需要对圈子进行优化，提炼圈子中的"人脉金矿"。

处在当下复杂的社会关系中，交友自是必不可少的。但究竟结交什么样的朋友，自己心中要有数、有个尺度，既要广泛交友，又要谨慎选择。

常言道，"与君子交友，犹如身披月光；与小人交友，犹如身进蛇窝"。有交往就会有朋友，有朋友就会有优劣，这似乎是一个很难避免的问题。好的朋友能给人带来帮助和快乐，而坏的朋友却会成为一生的悔恨。在生活中，我们每个人都懂得交友的原则——远离消极的朋友，与积极的朋友为伍，但往往不懂得"放弃"的哲学。很多实例和报道说明人们在交往的过程中常常被一些特别的友谊折腾得一塌糊涂，有时候甚至因此毁掉自己的生活。

生活中，每个人都有自己的人脉关系，但每个人的人脉关系却又都明显不同，有的高，有的低，有的强壮，有的羸弱。由此可见，人脉需要定期进行清理，也需要定期进行优化。如果你对你的人脉关系不闻不问，那么你的人脉关系就可能恶化、流失，甚至变质。人脉的圈子可以说如同一个大染缸，它可以把你染红，也可以把你染绿；它可以是个良性的环境，也可以是一个恶性的沼池。建立一个良好的人脉，并定期清理和优化，在这样的一个人脉关系网络中成长，你一定会成长得健康无比。而如果你的人脉关系网络被污染了，恶习遍布，人人猜忌，互为祸害，那么你的一生都有可能为之所毁。

由此可见，跟谁交往很重要，有什么样的人脉关系网络更重要。

在你与你的人脉交往的过程中，你的人脉关系总在悄悄地影响着你，不知不觉你已经受到了它的熏陶。假如你结交的都是拜金主义者，那么你奉行的准则久而久之也将变为"金钱至上"；假如你周围的人都是花花公子、街头小霸，那么你成为花花公子或者小流氓的机会就比一般人大；如果你周围的人更多的是相互倾轧和竞争，那么你很可能就会参加到他们的行列中去；如果你周围的人认为欺凌弱小是对的，这种观念也会传染到你。

假如你身边的朋友都是这些人，你还愿意继续和他们在一起吗？肯定不会。所以，你一定要时时刻刻检查自己的人脉，以保证其始终呈良性。

那么，如何检查自己的人脉网呢？你不妨扪心自问："我和谁在一起的时间更多一点？跟谁在一起对我更有利、更有帮助一点？我人脉中的这些成员都对我的人生、我的事业有怎样的意义？他们能提供给我的信息是正面的还是负面的？我像现在这样同他们交往下去，一段时间以后，我能取得怎样的成绩，是一无所成呢，还是大有收获？"

常常问自己这些问题，你对这些朋友的认识就会理性得多，这样你就可以合理分配自己的时间，知道哪些朋友需要花费大量时间培养和维持，哪些朋友不必交，甚至可以从自己的人脉网络名单中剔除。这样你就可以从不必要的应酬中解脱出来。远离狼你就会少了许多嗜血的欲望，清净的本性才会重返你的头脑。一个良性、优秀的人脉网络是要用一个冷静的头脑来处理的。

一个人的时间和精力总是有限的，如果我们也对自己的人际网络做"清除"工作，在去芜存菁之后，留在圈内的朋友都是我们最乐于往来的，我们就会把时间与精力放在自己最乐于相处的人身上。与其平均地发展人际关系，不如把时间精力集中于少数最有价值的人身上。

所以你要时常关注自己，看自己在朋友的影响下发生了什么样的变化，是进步了还是退步了？是变得比以前更强大了还是比以前更畏首畏尾了？不要欺骗自己，看看自己目前的强项和弱点是什么、什么在支配你的发展、什么在影响着你的行为，这些你都要做到心里有底，知之甚明。

清理和优化你的通讯录名单，将不适合自己的人从自己的人脉网络名单中剔除，像清理你的衣柜一样，将不合适的衣服清理出衣柜，才能将更多合适的衣服收入衣柜。

在现实生活中，任何人都要和他人进行各种各样的交往，在交往之中就不可避免地有亲疏远近之分。来往比较频繁、相互感情比一般人亲近、互相帮助较多的人就有可能发展为朋友关系。由于人们的兴趣、爱好各不相同，所以朋友也有许多种类型，正所谓"人上一百，形形色色"。人人都希望能够交上知心朋友，知心是重要的，你知道我的思想，我知道你的想法，互相关心、互相帮助、共同进步，这是知心朋友交往的主要内容。但是，所谓的知心朋友，他还必须是善良、坦荡、无私的，如果所结交之人品行不端，即使他对你再好也是不可交往的。

随着市场经济的不断发展，人们在各方面的交往也变得十分频繁、复杂，对结交朋友的数量、质量等方面也提出了更高的要求。

也许你需要朋友，你尽管去结交，但你必须知道你为什么要结交朋友、需要结交什么样的朋友、如何选择朋友、在结交朋友的过程中必须注意哪些问题。只有这样，你才能保证所结交的朋友对你会有所帮助，不至于因择友不慎而招致麻烦和灾难。

唐朝李林甫给人的印象是平易近人，和颜悦色，而实际上他"阴中伤之，不露辞色"。他的政治权术已经到了登峰造极的地步，不仅一般人为之心惊，即便是老奸巨猾者也望而生畏。尤其，他在外表上表现出和人很友好、非常合作，嘴里尽说好听的、善意的话，可是实际上，他的性情和他的表面态度完全相反，他是一个非常阴险狡猾的人，常常用坏主意来害人。时间一久，大家就发现了他的这种伪善，于是在背地里都说他："口有蜜，腹有剑。"意思是口上甜如蜂蜜，暗地里利剑伤人。

随着社会的发展，人与人之间的关系会越来越密切。那些无论是熟悉的还是陌生的面孔，都面带微笑地向你走来，你便也展开了欣喜的容颜迎向他们，以不设防的真诚与善良敞开心扉。然而，当你带着这份欣慰行走于漫漫人生长路时，却发现这些微笑原来不都是发自内心的，那笑意的背后隐藏着的常常是陷阱。

正因为人们所结交的知心朋友对人的一生都会产生很大的影响，所以交友必须注意择友。可是，朋友遍天下，知心有几人？知心不知心，只有通过一些具体的事例与时间过程才能看得出来。例如，在顺境时，几乎人人都乐意做你的朋友，愿意锦上添花，称赞颂扬你；当你在逆境时，能够做到雪中送炭的人恐怕不多了。"门前冷落车马稀"，就是这种情况的生动写照。对于这种现象，有人认为是社会风气不好，有人认为是朋友不讲义气，有人认为事情本来就是这样。可是无论怎样评价，其中都有择友不慎，误把一般朋友作知己的因素。

我们处在这样一个复杂纷乱的世界里，看到美丽需要诉说，感到恐惧需要支持，听到赞赏需要分享，尝到苦涩渴望安慰，我们是这么需要一个朋友、一份无求交换与报答的友谊。若生活中有这样一位真正值得交往的朋友，请珍惜和保护。而若他不能与你分享灵魂中的喜悦与哀伤，请相忘于江湖。

虽说多一个朋友就会有多一条路的好处，但广交朋友绝不是漫无边际地建立无数的关系。从一个角度来说，比起交朋友的数量，其实更应该关注交朋友的质量。

一个人的一生中会结识很多人，这些都是其人脉中的元素。一个人的人脉元素是多元化的，每天你都将周旋于其中。我们必须认真思考如何对待朋友，如何将友谊经营得有声有色并恒久持长的问题。

健康的人际圈子必须讲究质量，而讲究质量的总原则就是"去伪存真"、淘汰小人。如果一个人交朋友奉行"多多益善"的原则，他通常会尝到现实生活留下的惨痛经验教训：你在得势的时候，朋友多，但真心的少；你在失势的时候，朋友少，但真心的多。你在得势时离你最近的人，很可能就是你在失势时最先离你而去的人。

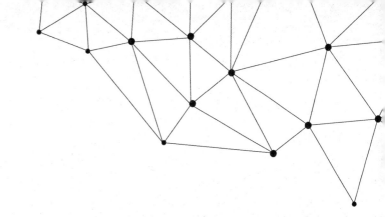

# 第四章
# 拿捏好边界：亲疏有度，久处不厌

人际关系最好的形容词不是"亲密"，而是"舒服"。关系再亲密的两人也终究是两个不同的个体，有分别就一定会产生矛盾，一旦距离控制不好，就极有可能致使亲密的关系走向破裂。而令人舒服的社交方式则不同，对于陌生的人，当亲则亲；对于亲近的人，当疏则疏。每个人都有一片属于自己的安全空间，只有拿捏好边界，尊重彼此的社交距离，才能成为社交场中久处不厌的那个人……

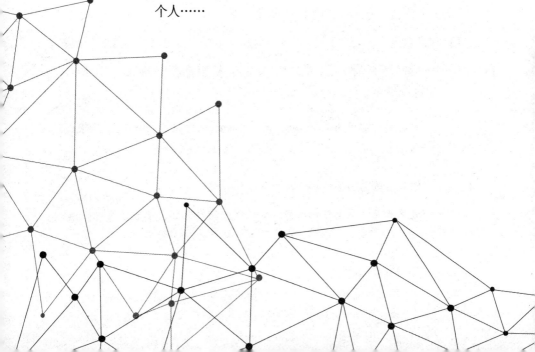

# 好好说话，别给自己挖坑

话不要说满，事不要做绝，否则日后局势逆转，一定会左右为难、尴尬万分。时时处处留有余地是为人处世的大智慧，进可攻，退可守，这才是成功的做人之道。

在生活中，你会发现交际高手都不会把话说死，以便一旦有变故，可以有回旋余地。这好比在战场上一样，进可攻、退可守。这样有了牢固的后方，可出击对方又可及时地退回，自己依然处于主动的地位。这样虽然不能保证自己一定会处于战无不胜的地位，但是至少可以保证自己不会败得一塌糊涂。所以说，话不说绝对，是一个人老练成熟的标准。

某公司新研发了一个项目，老板将此事交给了下属小张，问他："有没有问题？"

他拍着胸脯回答说："没问题，放心吧！"

过了三天，没有任何动静。老板问他进度如何，他才老实说：

"没有想象中那么简单！"虽然老板同意他继续努力，但对他拍胸脯的信誓旦旦反感了。

事实上，人人都讨厌空话大话连篇的人，吹得天花乱坠，实际行动却不见几分，难免让人觉得华而不实、难以信任。不如低调一点，做的比说的多，多干活儿少说话，用实际行动证明自己的价值。说话和办事就如同希望和现实，希望往往比现实更美丽，但是要知道"希望越大，失望越大"。还不如把对方的希望变得小一点，这样他们得到的惊喜也就会大一点。

也不要一味坚持把对方"赶尽杀绝"，让对方没有台阶下，这样就种下了仇恨的种子，这对你也绝不是好事。能言善辩是件好事，但是要注意说话方式，知道给人留台阶，给对方留足面子，也给自己留条后路。

在做事的时候，对别人的请托可以答应接受，但最好不要"保证"，应代以"我尽量""我试试看"等字眼。上级交办的事当然要接受，但不要说"保证没问题"，应代以"应该没问题，我全力以赴"之类的字眼。这是为了万一自己做不到所留的后路，而这样说事实上也无损你的诚意，反而更显出你的谨慎，别人会因此更信赖你，即便事没做好，也不会太责怪你。

用不确定的词句可以降低人们的期望值，你若不能顺利地做成某件事情，人们因对你期望不高，最后总能谅解你，而不会对你产生不满。有时他们还会因此而看到你的努力而不会全部抹杀你的成绩。如果你能出色地完成任务，他们往往喜出望外，这种增值的喜悦会给你带来很多好处。

话不说满也表现在不要对他人太早下评断，像"这个人完蛋了""这个人一辈子没出息"之类。浪子还有回头的时候，人一辈子很长，变化还很多，你怎么能单凭主观评定别人的一生呢？

说话要讲求把握分寸，给自己留有余地的原则，这需要注意以下几点。

## 1. 话别说过头，牛别吹上天

凡事都有一个度，在一个别人可以容许的范围内是可以被人所接受的，但是如果超过了这个度就会给人留下把柄。牛皮你可以吹，但是不要吹得太离谱；大话你可以说，但是也不要说得太过，否则只会自取其辱。

明代陆灼在《艾子后语》中杜撰了一个故事。艾子旅居齐国，在"战国四君子"之一的孟尝君的家里做食客已经三年。孟尝君对他很尊重，视为嘉宾。后来他又从齐国回到鲁国，与季孙氏相遇。

季孙问他："您在齐国住了那么久，那么请问齐国最有德行的人是谁？"艾子说："没有比孟尝君更好的。"季孙说："孟尝君有什么德行？"艾子说："孟尝君家里有食客三千，食客们穿好的吃好的，而孟尝君一点儿也不厌烦。他若不是个大好人，能做到这样吗？"

季孙冷笑了一下说："您这是在瞧不起我啊，我家也养着三千食客，难道就只有那个号称孟尝君的田文才有这个德行吗？"听他这么一说，艾子不觉肃然起敬，说："失敬，失敬，我现在才知道您也是鲁国的大贤人啊。我明日就登门造访，到您府上会会那三千食客。"季孙说："好吧。"

第二天一早，艾子洗漱干净穿戴齐整就去拜访，一走进季孙家的大门，静悄悄的；到了大厅里，连个人影也没有。艾子纳闷，莫非食客们住在别的馆舍吧。过了好大一会儿，季孙才出来。艾子问他："食客在哪里？"季孙装出一副怅然若失的样子说："先生您来得太晚啦，三千食客各自回家吃饭去了！"艾子方知季孙玩了大骗局，是个爱吹牛的人，打心眼里对他嗤之以鼻，嘿嘿冷笑两声走了。

## 2. 话不要说得太绝对

凡事没有绝对，没有绝对的正确，也没有绝对的错误。因此人们对于绝对的东西，在心理上有一种排斥感。比如，当你斩钉截铁地说："事实完全就是这个样。"此时在别人心里会有疑问："难道真的一点也不差？"也许你的表达是事实，可是在他心里老是琢磨"难道一点也不差"的时候，他对你的话语的领悟就有点舍本逐末了。倒不如这样说："事实就是这个样子。"

因此，在谈话时，即便是我们绝对有把握的事，也不要把话说得过于绝对，绝对的东西容易引起他人挑刺。而现实是，如果对方有意挑刺，还真能挑出刺来。与其给别人一个挑刺的借口，不如把话说得委婉一点。同时，如果我们不把话说得那么绝对，我们还可以在更为广阔的空间与对方周旋。

## 3. 话要说得圆润

当我们为了某个目的与他人谈话时，话就要说得圆润一些。话说得太直，会激恼对方，即便是理在己方。说得圆润一点，能给我们留下一定的回旋余地，从容地达到我们谈话的目的。

人们常说"话不要说满，事不要做绝"是有道理的。说话做事太绝，不留余地，不给别人机会，不宽容别人，处理事情下狠手等，都是不够理智的行为。

## 倾听是有效沟通的重要节点

倾听是探知他人内心世界的一把钥匙，是获得朋友信任、拓展人脉的一种手段。但在现实中，有向别人倾诉欲望的人很多，但是能够倾听别人倾诉的人却不多，这也就导致了很多原本可以成为知心朋友的人却最终成为陌路。

有人说，沉默是金，其实并不是说沉默本身如何珍贵，如果只是呆呆地做若有所思状，对别人的说话、动作没有任何反应，并不是"金"，反而会被人认为是冷漠或高傲。真正令人"闪闪发光"的沉默就是积极的倾听，要尽可能地与对方产生共鸣。

由此可见，倾诉和倾听是相互的。每个人都有向他人倾诉自己内心世界的愿望，通过倾诉，可以使自己的心理压力得到释放，可以使自己的心灵得到极大的安慰。倾听则是探知他人内心世界的一把钥匙，是获得朋友信任、拓展人脉的一种手段。但在现实中，有向别人倾诉欲望的人很多，但是能够倾听别人倾诉的人却不多，这也就导致了很多原本可以成为知心朋友的人却最终成为陌路。

　　一位富太太曾细述她丈夫初入商界，带她出去应酬时的情形。她说："在那些场合真是活受罪。因为我本身是个小地方的人，而满屋子都是当时的社会精英人物，他们不但口才奇佳，而且大多也都周游过世界的很多地方。"

　　一次宴会上，她终于向一位还算熟悉的朋友吐露了自己的问题。这位成功人士笑呵呵地对她说："其实，每个人说话都要有人来听。因而，善于聆听的人在宴会中同样受欢迎，而且这也是一项难能可贵的品质。"

　　从上面这个例子可以看出，少发言、多听别人说话同样是一门可以给自己带来好处的学问，也值得你去研究一下。聆听也能促进你的思考能力的提高，更能让你认识到每一个人的内心世界。倾听，如此好处多多，何乐而不为呢？

　　当然，倾听不是简单地竖起耳朵听，而是要用心去听。善于倾听是一种美德，是理解，是尊重，是接纳，是期待，是分担，是共享快乐，因此倾听的意义远不只给了别人一个表达的机会。倾听的实质是放下倾听者的架子，用温暖的笑脸去面对说话者，加强彼此的沟通和交流，获得对方的喜欢与信任，从而走进对方的心灵。

　　实际上，世上许多人之所以不能留给人良好的印象，正是因为他们不能耐心地做个好听众，他们更多只关心自己接下来要说的话，所以根本不肯耐心地去听人家把话说完……

因此，如果你想学好谈话这门课程的话，便要记住，基本功夫就是先做一个好的倾听者，鼓励别人谈他自己。

生活中，在很多人的印象里，他们认为听是一种被动的行为，如果他们不参与到谈话中去，可能还会有一种莫名其妙的失落感。其实，倾听并不是一种消极的行为，它是一种积极的行为。听者对于交谈的投入绝不亚于说话者。人们不能真正去听的原因是如果他们这样做了，他们就不得不受外界新信息的影响，他们必须面对别人对世界的看法。在这些新知识和新感悟的基础上，他们就必须改变他们自己的观点和已经形成的看法。而对很多人而言，他们是不愿意改变他们一直以来的思维方式的。他们认为回到自己驾轻就熟的东西总比去实验新的东西要安全稳当得多。但是，我们如果不能去听懂他人，我们是不可能进步的。

生活中，那些只知道谈论自己的人，所想到的也只有自己。因此，如果你要别人喜欢你的话，请记住这条规则："做一个好的听者。鼓励他人谈论他们自己。要令人觉得有趣，就要对别人感兴趣。"提出别人喜欢回答的问题，鼓励他谈谈他自己和他的成就。

我们可以想象出一个倾听者的姿态——就那样安详地坐着，眼睛盯着你的面庞，表情随着你的快乐而快乐，随着你的痛苦而痛苦，他很少说话，但每一句话都说在了你的心坎上，每一句话都激发起你更多的倾诉愿望。

倾听就是这样一种姿态，是一种与人为善、心平气和、谦虚谨慎的姿态。这种姿态，能使你倾听到最真实的话语，接触到最现实的答案。

既然倾听的作用如此重要，那么，我们应该如何学会倾听呢？

## 1. 形成倾听的习惯

在交谈的时候，不要处处以个人为中心，要给对方足够的时间来倾诉，倾听的时候不能左耳朵进右耳朵出，而是要诚心诚意地耐心地倾听，无论对方说得是对还是错，都要听明白以后再发表自己的意见。这不仅是倾听的技巧，也是对人的一种礼貌和尊重。

## 2. 控制自己的情绪

对方在向你倾诉的时候，有些话题你很感兴趣，有些话题可能会让你兴味索然；有些话题可能关系到你的切身利益，有些话题可能和你毫不相关；有些话题攻击的可能是你和你的朋友，有些话题可能出于愤世嫉俗。这些话题对你来说是有区别的，但对于倾诉者来说，它们同样重要。所以，我们不能以我们的好恶来决定应该重点听哪些内容，更不能把自己的情绪反映到自己的脸上。

## 3. 掌握引导的技巧

一个人絮絮叨叨说很长时间，自己也会感到疲惫的，我们可以适时将对方的话题引向深入，这一点在对方情绪激动的时候尤为重要。倾听不是只听却不参与对话，而是要通过你简洁的对话让对方把心里话说出来，这里面就需要我们把握住引导的时机，充分利用引导的技巧，让谈话变得真诚而有效率。

# 委婉地说出那个"不"字

面对对方的请求，我们必须保持清醒的头脑，对形势进行严密的分析，千万不可碍于面子去做违心的事。拒绝时也要讲究一点儿艺术，让对方理解你的苦衷，从而认同你的理由，不至于因为拒绝伤了和气，断了交往。

大家都有这样的感觉，对一个人说"是"很容易，说"不"却很难，但是这个"不"字却很重要，不会拒绝他人的人，是很难有所成就的，甚至有可能掉进他人精心设计的陷阱。我们可以查阅一下古今中外历史上落马的那些贪官污吏，很多人都经历过面对诱惑不肯说"不"的时候。虽然他们知道，某些事情明明不应该说"是"，不能够说"是"，但是他们就是不愿意说个"不"字，结果导致身败名裂。

小江是个非常勤奋的小伙子，头脑活络，热情助人。刚进入公司的时候，他就下定决心要从最基层做起，要成为所有人的好朋友。

所以公司里的事情，属于自己分内的，他努力去干，不属于自己分内的，只要有人喊他帮忙，他也努力去干。渐渐地，他在同事之间赢得了一个"热心肠"的称号。

小江感到非常满意，可是过了一段时间以后，他才发现，有些事情，同事原本自己可以做，但他们也要喊小江去帮忙；有些人的态度很随便，似乎指派小江是件理所应当的事，帮过忙后，连个谢字也懒得说，仿佛让小江帮忙是给了小江莫大的面子；更有甚者，把手头的工作交给小江，自己去干私活。

小江虽然心里不高兴，但又不好意思拒绝，结果被弄得焦头烂额，整天忙得脚不沾地，自己的工作还常出纰漏。小江感到很困惑，自己热心助人也错了吗？他想拒绝别人，又怕影响到别人与自己的关系。

在上面的例子中，小江热心助人并没有错，错在了他的来者不拒。在生活中，帮助别人很重要，但是帮助别人必须建立在把自己工作做好的基础上。你自己的工作还一团糟糊，你又有什么资格去帮助别人呢？就算你自己的工作已经做得足够好了，面对别人对你提出的要求，你也应该权衡一下利弊，是否应该伸出援手，应该帮忙的，立即动手，不应该帮忙的，要婉言谢绝。

社会纷繁复杂，我们在生活中，总会遇到自己不想做、不愿做、不该做的事，面对对方的请求，我们必须保持清醒的头脑，对形势进行严密的分析，千万不可碍于面子去做违心的事。如果对方的请求是违背社会公德的，或者是违法犯罪的，我们应该义正词严地给予拒绝，不给他们留下任何通融的余地。不过，对于对方提出的并不违反社会公德和法律法规的要求，在拒绝的时候，我们也要讲究一点儿艺术，让对方理解你的苦衷，从而认同你的理由，不至于因为拒绝伤了和气，断了交往。

拒绝对方时，我们首先要注意的是拒绝的时机。有的人没等对方说完就旗帜鲜明地拒绝了对方的要求，更厉害的还有没等对方张开嘴，就先给堵上不让说了，这样的拒绝过于生硬，会让人觉得你根本就没有心思倾听他的理由，你根本就没有把对方放在眼里，甚至觉得你是在打发一个乞丐。这样一来，你会伤了对方的自尊。好的拒绝时机是在听对方倾诉结束之后再拒绝，在这个或许有些漫长的时间里，你可以一边听一边分析判断对方是否值得你去帮助，如果拒绝，应该怎样措辞。

拒绝对方时，我们还要注意自己的态度。虽然拒绝不是一件让人快乐的事，但至少你应该有平和的心态，不要带着无所谓的表情、不要带着幸灾乐祸的表情、不要带着怒火中烧的表情……

总之，一切包含着贬义色彩的表情都不要带出来，我们要带着真诚的表情，耐心地告诉对方，自己为什么不能帮助他，让他在遭到拒绝时，至少还能收获一份你的真诚。

拒绝对方时，我们还要学会旁敲侧击，让对方明白你的意思和感受，不至于你说你的，他说他的，喋喋不休，最后还是说不清楚。这方面，我们可以看一看国画大师张大千是怎么处理的。

张大千留有一把长胡子，在一次吃饭时，一位朋友以他的长胡子为理由，连连不断地开玩笑，甚至消遣他。可是，张大千却不恼，不慌不忙地说："我也奉献给诸位一个有关胡子的故事。刘备在关羽、张飞两弟亡故后，特意兴师伐吴为弟报仇。关羽之子关兴与张飞之子张苞复仇心切，争做先锋。为公平起见，刘备说：'你们分别讲述父亲的战功，谁讲得多，谁就当先锋。'张苞抢先发话：'先父喝断长坂桥，夜战马超，智取瓦口隘，义释严颜。'关兴口吃，但也不甘落后，说：'先父须长数尺，献帝当面称为美髯公，所以先锋一职理当归我。'这时，关公立于云端，听完禁不住大骂道：'不肖子，为父当年斩颜良，诛文丑，过五关，斩六将，单刀赴会，这些光荣的战绩都不讲，光讲你老子的一口胡子又有何用。'"

听完张大千讲的这个故事，众人哑然，再也不扯胡子的事了。在酒席上，朋友以张大千的胡子开玩笑，甚至开得有些过头，张大千想制止对方，可是如果轻描淡写地说的话，恐怕对方会不以为然；声色俱厉呢，又会伤了朋友之间的和气。张大千这么一说，明白地告诉对方："你们拿我的胡子开玩笑，我已经忍了很长时间了，再这么着，我可就不高兴了。"大家自然知趣，不再提这个话题了。

可见，拒绝是一门艺术。拒绝的最高境界是让你和对方都不至于陷入尴尬境地，只要运用好这门艺术，即使拒绝也不会把你的朋友推向你的对立面。

# 用赞美把气氛带起来

适当地赞美别人的优点长处，不是为了阿谀逢迎而故意夸大的虚假的赞美。交友时，如果能很好地运用这一条，对于促进人际交往的和谐发展大有裨益。

在社交中，赞美的力量不可忽视。心理学研究发现，人类本性中都渴望受到夸奖和赞美。人们总是自觉不自觉地用他人的看法和态度来衡量自身的价值，对周围的人的评价非常在乎，有一种被肯定、尊重和赞美的渴望。有时候一句夸奖的话语，会产生意想不到的鼓舞作用。

既然赞赏在人际交往中的作用这样大，那么，当我们面对着各种性格、各种爱好的不同人群时，我们何不从对方最感到自豪的地方入手，通过对对方真心的赞美，来拉近和对方的距离，实现更加深入的人际交往呢？

严星带着考察团赴欧洲参加一场商业谈判。刚开始谈判的时候，对方的戒心很重，不但在谈判桌上寸步不让，就是平常的交往也疑虑重重，这使得谈判的氛围显得特别压抑。谈判几乎陷入停滞。但后来突然峰回路转，对方的态度一下热情起来，谈判的诚意大幅度提高，双方很快就签订了合同。很多人不明白对方为什么变化这么快，严星却心知肚明。

原来，在一次对方举行的晚宴上，严星巧遇了对方老总的妻子。严星首先赞美老总夫人当天的打扮非常得体，尤其是对她所佩戴的那枚玫瑰胸针更是赞美有加。老总夫人一听，脸笑成了一朵花。她告诉严星这枚胸针是自己家祖传的，已经有两百多年的历史了，是当时欧洲最好的金匠制作的。就这样，两人谈得非常愉快。宴会散后，老总及夫人还盛情邀请严星到他们的庄园去做客。自然，后面的谈判也就顺利多了。

人类最殷切的需求是渴望被肯定。人们对于被肯定的渴望，绝不亚于对食物和睡眠的需要。人们渴望被肯定的本质说到底就是"渴望被重视""渴望伟大"。

既然人们渴望被肯定，为了搞好人际关系，我们就应给予他们这些，这样就能建立起友谊。当然，我们没有汽车、金钱、地位给别人，但是我们却能够给别人我们所能给的东西，这就是"给予别人真诚的赞赏"。这是促人向上的催化剂，它能使人朝气蓬勃；它是挖掘人们内在潜力的最好铁锹。

如果我们真心诚意地想搞好人际关系，就不要光想着自己的成就、功劳，别人是不理会这些的。而需要去发现别人的优点、长处、成绩，然后不是虚情假意地迎合，而是真诚慷慨地赞美。

赞美一个人对于培养人脉的意义不言而喻，但是，并不是所有的人都懂得如何赞美他人，甚至有的人的赞美让对方感到肉麻，觉得你不是在赞美他，而是在阿谀奉承、在拍马屁，这样的赞美是起不到应有的效果的。因此，赞美他人应当注意以下几点。

## 1. 赞美一个人，最好从赞美他曾经取得的成就或者他的表现开始

对于一个初次见面的人，当我们赞美对方的时候，最好先从对方已经取得的成就开始，人们都比较喜欢谈论自己取得的成就。当你赞美他的成就的时候，他很容易把你当成知己来看待，人与人之间的那层隔膜不知不觉就消除掉了。

如果你和对方陌生到连对方的名字也没听说过，那也不必慌张，你可以赞美他的表现，比如他广博的人际关系，比如他得当的服饰搭配。只要你善于发现，总会找到合适的赞美话题的。

## 2. 赞美一个人，要切实把握赞美的程度

赞美他人，不是把对方捧得越高越好，不切实际的赞美是溜须拍马，会让人产生厌烦的心理。所以，当我们决定赞美一个人的时候，最好站在一个比较客观的角度，这样会让人心里很舒服，又不会对你的人品产生反感心理。

## 3. 当你赞美一个人时，要做到"加一把火"

在赞美对方的过程中，如果你发现对方对你的赞美比较认可的时候，我们可以展开赞美的角度，在最初的赞美基础上再加一把火，通过进一步

的赞美实现双方心灵的沟通。即便是对同一个赞美话题，也要注意更换不同的方式进行赞美，如果我们反反复复只是那么几句赞美的话，肯定会让对方大倒胃口。

# 活学活用"刺猬法则"

俗话说，距离产生美，对于友谊来说，距离产生的是信任、理解和包容。为了让我们的人生更加丰富多彩，为了让我们的友情经久不衰，还是保持一定的距离吧。

有句话说得好，距离产生美。不要认为人与人之间的距离越近，关系就越深。有的人认为朋友相交多年，而且整天形影不离，也就百无禁忌了。其实，这种表面距离很近而且很牢靠的关系其实是很危险的，就像扎堆的刺猬一样，不是你扎我，就是我扎你，到了扎到对方心窝的时候，看似美好的友情也就到此为止了。

人之所以能够从世间的万事万物中感受到和谐之美，全在于他与别人之间保持适当的距离。

在我们的生活中，一个人的一生总会交到一些朋友，这些朋友中的大多数只能算是普通朋友，剩下的那一小部分才可以称得上是"死党"。但是人们经常也会经历这样的事情：一些"死党"无论先前关系有多好，最后都会失去联系，有些是缘尽情了，有的则是因为一些矛盾导致不欢而散。

一个人能够拥有自己的"死党"是一件很不容易的事情，而"死党"一旦散开，特别是那种不欢而散，将是人生的一种莫大的损失。因此专家强调，好朋友需要保持距离，那样，朋友之间的交往才能长久而稳固。

据《世说新语》载，山涛和嵇康、阮籍见了一面，彼此就意气相投成了好友。山涛要升迁时，推荐好友嵇康来洛阳接任吏部尚书一职，嵇康不但不领情，还为此写了一篇《与山巨源①绝交书》，批评山涛枉为朋友，竟不能明识自己的志愿，列举种种不出仕的理由，并称自己"志气所托，不可夺也"，最后宣称与山涛"以为别"——断交了！

这篇书信一流传开，嵇康的名声更加响亮了，山涛却名声扫地。然而，山涛却不恼不怒，两个人虽然不再见面，但依然互相关注着对方的境遇。

后来，嵇康因为触怒了权贵，被下狱处死。临死前，嵇康对儿子嵇绍说"巨源在，汝不孤矣"，还是把自己的孩子托付给了山涛，可见二人的友情是何等的深厚。嵇康被杀后，山涛对他十岁的儿子嵇绍照顾有加。在嵇绍成年后，山涛举荐他担任了秘书丞，"鹤立鸡群"的嵇绍就这样出仕了。后来，嵇绍也成了一个名垂青史的忠臣义士。

---

① 山巨源：即山涛，字巨源。与嵇康同为魏晋名士，"竹林七贤"之一。

人与人之间之所以会产生"一见如故""相见恨晚"的特殊感觉，之所以会有"死党"和"知己"的产生，就是因为交际双方被彼此的气质所吸引，从而在这个基础上成为好朋友。但交际双方再怎么相互吸引，他们在某些方面还是会有些差异的，毕竟交际双方来自不同的环境，接受的是不同的教育，人生观、价值观等这些主观因素也是不可能完全相同的。当交际双方的"蜜月期"过去后，就会无可避免地产生一些摩擦，刚开始时交际双方可能会尊重对方，但是慢慢地就变成了容忍对方，一直到最后就会成为要求对方！当对方不能满足自己的要求时，交际个体就会开始背后挑剔、批评，严重的话，好不容易得到的友谊就会被破坏。

张默和一个新来的同事成了朋友，因为彼此很谈得来，爱好也很相似，于是两人相处很密切。但是后来因为这位新同事的生活习惯非常随意，总是不注意办公室内的卫生状况，张默觉得自己受到了不公平的对待，于是慢慢地与他产生了罅隙，并逐渐断绝了来往。

朋友之间的距离，是有些话可以听得见、有些话却听不见的距离。有的人认为朋友之间是无话不说的，实际上这是一个错误的认识。朋友之间，有些话是根本不可以说的，有些话是不可以直接说的。朋友之间一旦到了"无话不说"的地步，距离"无话可说"也就不远了。

俗话说，距离产生美，对于友谊来说，距离产生的是信任、理解和包容，为了让我们的人生更加丰富多彩，为了让我们的友情经久不衰，还是保持一定的距离吧。

# 亲情也得添砖加瓦去维护

亲情是世间最自然的情感，我们对之要加倍珍惜，懂得它的可贵，同时还要采取行动对其进行维护和加温。

人际交往的范围也包括亲戚关系。亲戚关系和其他关系一样，在交往中也存在一定的规律，如果遵循这些规律办事，彼此的关系就会越来越亲密，反之，违背了这些规律，亲戚之间也是会互相得罪的。

在求亲戚帮助的时候，一样需要用真诚打动对方，使亲情得到发挥利用，切不可虚假用情。当人们遇到困难时，大概首先想到的就是找亲戚帮忙。俗话说，不是一家人，不进一家门。作为亲戚，对方也大都会很热情地向你伸出救援之手。

在战国时代，各诸侯国的相互联姻，其根本目的就在于寻找联合，寻找一种亲戚关系。公元前287年，楚国陷入了秦、赵、韩等国的围攻。眼看楚国都城郢就要被攻陷了，楚王焦急万分，这时一个叫钟和的大臣建议道："大王何不派人去求助百越族呢？想当初大王不是嫁了一位女儿过去吗？"楚王仔细想了想，由于嫁的女儿太多了，倒想不起来具体是哪一位女儿给嫁过去了。但是，目前有一支力量算一支，于是，他派钟和携礼到百越族去求助。

百越在当时是居住在今广东、福建沿海的少数民族，人口虽不多，但个个骁勇善战，是一个战斗力很强的民族。百越族首领在听到这个消息后，欣然允诺相助，立即下令调遣各个部落的士兵组成一支两万人的军队前去楚国。

最后，在楚国与秦国的交界处，秦、赵、韩三国军队与楚、百越的军队进行了生死决战。结果，在百越族的大力支援下，楚国不仅保住了都城郢，还一举击溃了秦、赵、韩三国联军，取得了决定性的胜利。

可想而知，要没有钟和的提醒，要没有百越这么一个亲戚，楚国就有可能要提前几十年灭亡。可见，在关键时刻，求助于亲戚是很明智的选择。亲情在很大程度上会不受当时社会那种人情冷暖的影响，求助的成功率是很高的。

我国古代儒家提出的"孝悌"，就是为人处世中情感生活的一方面。兄弟之间的相处是一种亲密无间、真诚的相处，不是有一句话叫"打虎亲兄弟，上阵父子兵"吗？

兄弟姐妹间互相体贴关心、互相帮助，长爱幼，幼尊长，产生矛盾时互谅互让，生活在这样的家庭环境中，必然觉得心情舒畅、甜美幸福。

亲情是世间最自然的情感，我们对之要加倍珍惜，懂得它的可贵，同时还要采取行动对其进行维护和加温。

## 1. 要懂得感恩

要明白，拥有亲情是生命对我们的恩赐，有亲人的关怀是人生最幸福的事。所以要懂得对亲人好，对他们进行精神上的支持和行动上的帮助。

## 2. 内心的情感要表达出来

很多人认为亲人之间的关系很近，彼此间的感情是无须再明确表达的，这种想法是不对的。试想一下，虽然你的父母明白你对他们的爱，但是当你成年以后，突然有一天，你给父亲一个热烈的拥抱，或者给母亲一个晚安吻，他们一定会很感动。

每个人都有三亲六戚，与这些亲戚来往是交际生活中的重要内容。亲戚之间大都是血缘或亲缘关系，这种特定的关系决定了彼此之间的亲密程度。

# 远水难救近火，远亲不如近邻

我们常常发现，人缘好的人邻里关系也一定很好。邻里"近在咫尺"，他们的适时帮助，体贴照顾，能解燃眉之急，这是最大的优点。

除了亲戚，邻居也是日常生活中经常用得上的关系。邻居近在咫尺，能够在危机之时提供及时的帮助和照料，以解燃眉之急，这是远方的亲戚所比不了的。婚丧嫁娶，大事小事，都离不开邻居。邻里之间本应该互助互利，但我们必须努力去争取，才能够得到帮助。有一个好邻居，建立一种好的邻里关系，会使我们在家在外办起事来又顺手又方便。

有一位老作家独住高层，一天不慎在客厅中摔倒，无法动弹。他急中生智，用手中的茶杯拼命敲击水管，终于惊动了楼上的一位小伙子。小伙子跑下来一看，连忙叫了救护车把老人送到医院。老人病愈后和小伙子结成了忘年之交。在这个小伙子的帮助下，老作家在两年以后又出版了一部著作，而小伙子也在老作家的影响和帮助下发表了很多文章。

诚然，在我们日常生活中，这种特殊的情况并不多，但邻居往往能在一些紧急情况下向你提供必要的救助。所以我们一定要正确处理邻里关系，与邻居和谐相处，构筑良好的人际关系。

俗话说"远亲不如近邻"，其意如此。在当今实际看来，在单位，与上司、同事接触；回家后，自然要与邻居、家人相处。

亲戚之间，相连的是血缘关系。而邻里之间，没有固定联系因素，只能靠自己掌握合适的度，去把握好关系。而我们也常常发现，人缘好的人邻里关系也一定很好。邻里"近在咫尺"，他们的适时帮助，体贴照顾，能解燃眉之急，这是最大的优势。

晚清名臣曾国藩就十分重视邻里关系。在给儿子的信中写道："（有些人家）用钱和酒款待远方的亲戚，可一旦遇到火灾、盗贼，却只能央求邻居帮忙。"这是告诫家族成员要与邻为善，不要怠慢邻里。

有一个好邻居，就能使自己多一位良师益友；有一个好的邻里关系，更能让自己受益无穷。孟母择邻，其意正是如此。

在如今钢筋混凝土的建筑中，人们也不得不去重视这种和"良师益友"的关系。可以说，掌握一定的技巧，做一些该做的事，把握邻里关系就会轻而易举了。那么怎样正确处理邻里关系呢？

## 1. 注意分寸

每家都希望有一个独立自主的空间，所以邻里间的交往必须有一定分寸，也就是保持一定距离，不要接触得过多。保持距离也省去了由于交往过密所带来的副作用。

另外，邻里间不要对别人的私生活说三道四，邻里关系再亲密也只有分享友情的权利而绝没有"干涉内政"的权利。如果你不小心得知了邻居的某些隐私，此时只有三缄其口，沉默是金，千万别为一时的嘴巴痛快，把邻里的隐私当成搬弄是非的材料。所以邻里间都不互相打听人家的私事，也不传播这一类的信息，大家会相处得更加和睦。这种亲疏有别、进退自如的邻里关系倒正好给我们提供了更广阔的交往天地。

## 2. 交往礼为先

邻居本来是素不相识的陌生人，见面时彬彬有礼地打个招呼或大家点头微笑一下，是最能消除陌生感的方法。大家共同出入一个院门，如果碰到邻居却昂头而过，旁若无人，相信邻居心里未必舒服。你不理别人，谁知道你心里在想什么呢？遇到这种情况时，只要有一方稍微主动点，说上一句"下班啦"或"要出去啊"就可以打破这种局面。一旦打破了，双方的交往就会从此开始，关系就会从此好起来。

邻里交往不需要考虑财势、地位。大家既然居住在一起，见面都是好邻居，谁也不比谁高，谁也不比谁低。只有平等相处、互相礼让、尊重他人才能得到他人的尊重。

### 3. 多帮邻居好处多

有许多人的行事原则是"各人自扫门前雪，哪管他人瓦上霜"。这样一来，既不得罪别人，也把自己的事处理得井井有条。可是，既然自己有余力，何不多扫几处雪呢？生活中，许多公共利益需要大家来共同维护，如卫生、消防、绿化等，你多做点也没有什么害处，不要斤斤计较。

生活中大多数事情都不能用金钱利益来衡量。你多扫一次楼道，保持了环境的清洁，不要去算自己是亏了还是赚了，你只要做了就是赚了。谁都不能保证自己总是一帆风顺，邻里间有了困难要主动、热情地帮助，千万不要关起门来不理人。有时帮人不过是举手之劳，却能为邻居解决困难、减轻痛苦，你不是也从中得到快乐了吗？

### 4. 化戾气为祥和

如果邻里间发生了矛盾，千万不要互不相让，需要讲清的事情，应平心静气地坐下来协商，在交换各自的意见后共同商讨如何解决。如果已经发生了争吵，伤了和气，也可以主动寻找机会向对方道歉，消除成见、化解矛盾，只要你先做了让步，邻居自然会有所反应，因为他也像你一样渴望和睦平静的生活。

邻里之间，低头不见抬头见，如果处理不好邻里关系，两家打来骂往，谁也过不了舒心的日子。所以，我们一定要正确处理邻里关系，彼此真诚相处、和和气气，这样你不但能拥有祥和的宁静的生活空间，而且遇到急难之时，邻居说不定还能助你一臂之力。

# 社交的精髓在于通情达"礼"

> 每一份礼物都可能会使你结识一个朋友,从而拓宽你的人脉;每一份礼物都可能将你的事业推向一个新的高潮……

俗话说"来而不往非礼也"。人与人之间的感情交流也是如此。你欠了别人的情,总是要找机会想法回报,而别人欠了你的情时,内心深处也有同样的想法和愿望。对方也是一个通情达理的人,你给他送的礼物,绝对不会像打出去的子弹似的一去不回,他一定会用别的方式来回报你。《三国演义》中"关云长义释曹操"就是典型的还礼的故事。

关羽被俘之后,曹操因为爱惜人才,不但没有杀他,而且还听从了谋士的话,将从吕布处缴获的赤兔宝马送给了关羽,并且赐予了关羽爵位。这些礼物尽管在当时没有留住关羽,然而在曹操危难的时候,关羽在华容道还是饶了他一条命。赤壁之战时,曹操兵败,落荒而逃，在华容道遇到了把守的关羽。此时曹操身边仅剩几员大将和几个随从，早已是人困马乏，只要关羽一声令下，立刻会束手就擒。结果关羽念着昔日曹操对他的赐予之恩，把他放跑了。

每个人生活在这个世界上，都不是孤立存在的，唯有借助众人的力量、众人的智慧，才能功成名就、如愿以偿。而礼就像一张看不见的网，能够帮助你网罗各路人脉。清代巨商胡雪岩既善于经商，也善于用礼经营自己的关系网。他总是能在不知不觉中利用礼物来牵线搭桥，和对方建成朋友关系，对方帮助他也自然是情理之中的事情。

胡雪岩初次拜见左宗棠时，左宗棠听到些关于胡雪岩与太平军关系的传言，颇多戒备，甚至不给他让座，晾了他一把。而胡雪岩最终还是得到了左宗棠的信任，甚至被引为知己。由此，左宗棠成为胡雪岩有力的靠山。后来，也是因为左宗棠的大力举荐，胡雪岩得到朝廷特赐的红顶子。

胡雪岩之所以能够取得左宗棠的信任，是因为他为左宗棠做了两件事。

第一，献米献钱。胡雪岩回杭州，带去1万石大米和10万两银子。本来，这1万石大米有一个名目，就是当初杭州被围时，胡雪岩与知府王有龄商量，由胡雪岩冒死出城，到上海采购大米，以救杭州粮绝之急。胡雪岩购得大米1万石，运往杭州，但无法进城，只得将米转道宁波。现在杭州收复，胡雪岩将这1万石大米运至杭州，且将当初购米款两万两银子面交左宗棠。他既回复了公事，以此证明自己并非携款逃命，又无偿捐给左宗棠1万石大米。那10万两银子，则是胡雪岩为了敦促攻下杭州的官军自我约束不要扰民而自愿捐赠的犒军饷银。

第二，主动承担筹饷重任。左宗棠几十万兵马东征，镇压太平军，每月需要的饷银达26万两之巨。当时，朝廷用兵打仗采取的是"协饷"的办法，也就是由各省拿出钱，做军队粮饷之用。实际上，各支部队要自己想办法筹饷。听到左宗棠谈起筹饷的事，胡雪岩毫不犹豫地表示他愿意尽一份力。

胡雪岩做的这两件事，的确做到了对"症"下"药"，也是一下子"药"到"病"除。

所谓对症，因为粮食、军饷都是左宗棠此时最着急也是最难办的事。没有粮饷，就无法进一步展开攻势，一旦"闹饷"，部队无法约束，就会酿出乱子。

胡雪岩解决了令左宗棠头痛的难题，左宗棠哪里还有不赏识的道理？用左宗棠的话说，解决了这两个问题，不但杭州得救，肃清浙江全境他也有把握。


按照别人的需要去送礼，自己所送出的东西效用才会最大。胡雪岩送礼就讲求这种因人而异，紧紧地围绕别人最想要的东西来行动。他说："送礼总要送人家求之不得的东西。"这就是他的高明之处。

其实，在我们的生活中有着许多可以赠送礼物的机会，如果你发现了，千万不要错过。因为每一份礼物都可能会使你结识一个朋友，从而拓宽你的人脉；每一份礼物都可能将你的事业推向一个新的高潮。做个有心人，重视身边的任何一个人，重视任何一个可以助人的机会，重视任何一个拓展人脉的机会，这样，你的人脉网会越来越大。

# 同流而不合污，圈子交际的高级智慧

每个人都应该有独立的人格、思想和作风，但同时又不能太标新立异，特立独行。真正的智者是既能坚守自己的底线，又能和大家打成一片的人，这才是古语常说的"外柔内刚""外圆内方"。

人类作为一种社会性动物，不可避免地要与人交际，进而在各种人际圈子中往来。如果我们把自己封闭在自己的世界里，而不与外界的人沟通，不与亲朋好友们交流，不向人倾吐自己胸中的不快，慢慢地，你就会发现，你和这个世界越来越格格不入了，你的生活和工作中也会出现越来越多的困难，虽然你认为自己并没有做错什么，但事情却会不由自主地往糟糕的方向发展。所以，不管你愿不愿意，都有必要学会与周围圈子的人"同流"，因为这会对我们的工作和生活造成重要的影响。当然，"同流"也不是完全没有原则的随波逐流，虽然我们的成功离不开与他人的沟通、协调和合作，不可避免地要与人交际，获得助力，但这并不意味着我们要牺牲自己的底线来谋求人脉的扩展。

陈丽刚进入一家公司实习，就被分到了市场部。她发现办公室里女同事居多，而且她们有一个五六个人的小圈子，这个圈子以李姐为首，圈子里的人关系都很好，而且相互之间配合非常默契，唯一可惜的是，她们几乎不和圈子外的人来往。领导对她们这个圈子的存在也心知肚明，知道这种现象在一定程度上会影响公司的发展，但是她们都是业务能力强的老员工，为公司也做出了不少的贡献，所以只好睁一只眼闭一只眼。陈丽进入部门几天后，圈子里的李姐就经常和陈丽唠家常，套近乎，问她爸妈做什么的，还要张罗着给陈丽介绍男朋友。陈丽明白，李姐这是要拉自己进圈子，但她心里不禁有些犯嘀咕：如果不加入她们圈子的话，以后在工作中难免会受到她们的排挤；但是如果加入她们的话，自己又觉得这样非常无趣，而且自己打心眼儿里反感这种在公司里拉帮结派的做法。因此陈丽开始纠结到底应该怎么办。

对于大多数人而言，在工作和生活中构建属于自己的人脉圈是好事，但要注意为自己保留一条交际的底线，可以和人"同流"，但不可以"合污"。人们天生就有从众心理，并容易在从众心理的支配下失去自己的原则和底线。所谓从众心理，就是当我们受到外界人群的行为影响时，会在自己的知觉、判断、认识上表现出符合公众舆论或服从多数人行为方式的心理状态。这是人之常情，但也是人性的弱点，只有在遵从天性的基础下克服弱点，才能达到人际交往的最高境界。

在实际的日常生活中，每个人都有自己的底线，也应该坚持自己的底线，为了"入圈"而拉低自己的底线只会乱了自己的章法，使自己成为他人眼中没有个性的人。至于坚守底线的方式则因人而异，聪明的人懂得如何绕过触及自己底线的问题，或者对这类问题避而不谈，不仅维护了自己的颜面，也不会与他人产生矛盾和冲突。而那些喜欢硬碰硬地和别人讲道理、摆事实的人，不仅会使自己的身心疲惫，还会影响自己和朋友之间的友好关系。

所以，在人际交往中，作为朋友既要懂得投身其中，又要懂得适时地抽身而去，这是一种中国式的社交智慧。老子的《道德经》中有这样一句话："挫其锐，解其纷，和其光，同其尘。"意思是有德的君子应该消除自身的锐气，隐藏自己与他人的不同之处，将自己的锋芒柔和化解，自然融合于尘世之中。人际交往的高级智慧正在于"同流"而不"合污"。"同流"可与天下人为朋，而不"合污"则可避无端之祸。

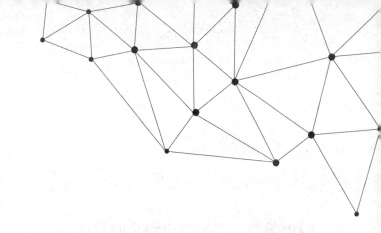

# 第五章
# 找对位置：职场中向上管理，向下兼容

　　社会中的人际关系不仅包括亲朋好友之间的关系，也包括公司同事之间的关系，并且在大多数情况下，我们在一天中与同事相处的时间比朋友还要多，因此职场社交也是我们在日常生活中不容忽视的一个大问题。但是职场关系往往比朋友关系更加复杂，如何才能锚定自己的位置，在职场中屹立不倒呢？秘诀只有八个字：向上管理，向下兼容。

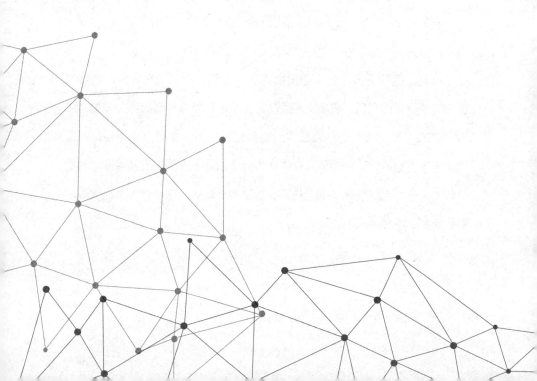

# 尊重前辈，就是尊重将来的自己

在职场中尊重老前辈是一种退让的策略，适当的退让，能够增加前辈的好感和认同，也利于双方的沟通，便于自己工作的开展。

同事关系是十分重要的社交关系。一个人走上工作岗位以后，接触最多的除了家人就是同事。维系和谐的同事关系一方面可以让自己心情愉快地完成8小时的工作，另一方面对自己的工作和整个职业生涯都大有助益。因此，掌握一些与同事交往的社交技巧是十分必要的。

而且，随着更多的新人逐批地毕业、求职、走上工作岗位，职场中也出现了更多的问题。职场上的成功人士、上层领导和资历员工多为"80后""70后"，甚至是"60后"。他们相互之间的生活方式不同，对待人生的态度也不同。职场新人往往认为前辈们是老古董，难以沟通，甚至是倚老卖老；而那些职场的老员工、老前辈，则认为这些新人年轻气盛、嚣张狂妄、不尊师重道。

在一家证券公司上班的侯先生透露，他公司的一个前辈天天批评他的坐姿。"和他争辩，显得我不尊重前辈；可忍着他，我心情非常压抑。"有些人甚至表示，如果和前辈实在合不来，他们宁可选择离职。

在公司里，前辈和新人所经历的社会状态不同。在前辈的意识中，新人就应该谦卑行事，总认为如今的新人也应该如此。而新人们则如同刚刚走出象牙塔的"小王子""小公主"，原本尊贵的身份一下子"被贬为庶人""打落凡尘"，一时还适应不过来。于是乎，两者之间的冲突就这样产生了。之所以出现这种现象还在于沟通上的不力，"职场新、老人之间的矛盾，其实根本问题是沟通不畅"。这也是新人融入社会的必经之路。

大禹面对水患的问题时所采取的方法是疏通河道，中医上讲究"通则不痛，痛则不通"，可见这个"通"字有多么重要。人与人相处关键是要沟通，职场上的前辈和新人也不能例外。但是要注意的是，不要带有任何的功利色彩，不要受利益的驱动而为之，沟通一定要发自内心，这样的沟通才能消除障碍。

年轻人，尤其是刚刚被提拔的年轻上司一定要尊重单位里的老前辈，肯定他的贡献，但要记住一点，业务上要强于他，让他心中服气，让他明白你是靠实力，而不是靠关系爬上去的。

在工作中，与同事搞好关系十分重要，人际关系搞不好，工作就不好开展。有这样一位职员，工作年限不长，但能力很强，深受领导赏识，很快被提升为部门主管。但是下属中有位老职员，仗着自己资格老、以前有功劳，对他不服，让他很难管理。

要想改变这种境况，必须首先认清一点：每个人都自我感觉良好，认为自己并不比别人差，对别人不服气是正常心理。所以，年轻主管必须遵循一条准则，尊重他人的优点，承认老职员的优势，慢慢解开他心里的疙瘩。如果职员在晋升之前，和资深同事搞好关系，表示出对他的关心，在他需要帮助时，热心支援，他就会支持新主管今后的工作。

　　沟通不仅仅在于言语，更在于行动。平时一起吃午饭，假期组织旅游，多接触，多活动，"老的少的一起参与"，便于增进感情。新主管对待老的资深同人，要以敬重、真诚的态度对待，比如，在聚会时，表示敬重之意，真诚地赞美他们为公司做出的贡献。在工作中不明白的事要和他商量，不能因为对方职位不高或生性老实而有失敬意。新主管对公司上上下下不很清楚，听资深同事讲讲公司的历史，对新主管也是有益的。如此一来，年轻主管不但加深了对公司的了解，而且在老员工及众人心中也能留下好的印象。

　　初涉职场的年轻人最易犯的毛病就是妄自尊大、心高气傲，这在职场里是要不得的。职场中的每一个人都需要有一种踏实沉稳的实干精神，更何况是年轻人在老前辈面前呢？要在职场丛林里生存并发展，一定要先学会低头，这样才能赢得和谐的人际关系，为自己未来的发展奠定良好的基础。

　　在职场中尊重老前辈是一种退让的策略，侧重点在"让"，主要是指新人对前辈的。这是为什么呢？因为无论是言谈举止、想法意见，新人毕竟是新人，要懂得藏拙，多听多看，吸取经验。况且，这样的退让也是尊重前辈的一种表现。适当的退让，能够增加前辈的好感和认同，也利于双方的沟通，便于自己工作的开展。

# 闲话莫说，做个单纯的打工人

"逢人只说三分话，未可全抛一片心"，这句话运用在同事间的人际关系再适合不过。因为公司毕竟是一个成员众多，又具竞争性的组织，既然你不可能和每个人都结为知己，就只有和他们保持泛泛之交，作友善而又不至于彼此伤害对方的往来，才是明智之举。

有个比喻就非常形象：两个同事就像两只共同飞翔的小鸟儿一样，彼此间的距离就是两双翅膀能够到的距离，就是两双眼睛能够互相望到的距离。距离合适，它们彼此都能飞得很高、很快乐；距离太近了，它们的翅膀会碰撞在一起，彼此都很受伤，也飞不起来；距离太远了，它们又会丢失对方，相互之间变得生疏起来。

同事相处，重要的是双方在感情上的相互理解和遇到困难时的互相帮助，而不是了解一些没有必要的东西。有的人为了表示自己对同事的信任，把自己的一切情况和盘托出。如果你所结交的同事是一个值得信赖、品行端正的人，可以说是你的幸运，万一对方是居心不良、怀有歹意而你又没有识破的人，情况就会使你大伤脑筋。

韩雪大学毕业后，到一家报社做实习编辑。顾琳琳来自另一所大学，和韩雪一样是实习编辑。相同的境遇使她们很快成了无话不谈的好朋友，即使是大学期间的校园生活，彼此之间也耳熟能详。但后来，有一段时间，韩雪发现顾琳琳看自己的眼神总是怪怪的，对自己突然很冷淡。

韩雪很奇怪，自己并没有得罪顾琳琳啊。后来，韩雪离开了那家报社，到另外一家传媒公司上班。出乎她意料的是，顾琳琳第一个打电话给她，表示祝贺。

韩雪有些疑惑地问顾琳琳，为什么会冷淡自己。顾琳琳的话让她大吃一惊，原来韩雪曾经编辑过一份评论中国大学排名的稿子，里面有些话贬低了顾琳琳毕业的学校，当时正是确定谁能留在报社的关键时刻，顾琳琳怀疑韩雪在故意使阴招，通过评论大学排名来影射自己不如韩雪，所以才会对韩雪不理不睬，但韩雪后来的离开证明了自己的无辜。顾琳琳心里有愧，所以才打电话向韩雪致歉。韩雪听了，愣住了，她几乎记不起来什么时候编过这样的一个稿子……

可见，你在坦言之前，最好是认真思考一下这样做的后果，看对方是否能够接受，是否会产生逆反心理，是否感到你的行为过于轻率，是否会影响到你们之间的关系。当你发现对方心胸比较狭窄的时候，必须认真考虑对方有没有实施报复行为的可能性。

常言道："逢人只说三分话，未可全抛一片心。"这句话运用在同事间的人际关系再适合不过。因为公司毕竟是一个成员众多，又具竞争性的组织，既然你不可能和每个人都结为知己，就只有和他们保持泛泛之交，保持友善而又不至于彼此伤害的往来，才是明智之举。

# 正话反说，让领导有火发不出

既要尊重领导，又要不委屈了自己。为了避免尴尬，可以从反面说起。反语是语言艺术中的迂回术。正话反说便是欲擒故纵，取得合适的发话角度，达到比直言陈说更为有效的说服效果。

面对自己的上司，首先要做的就是摆正自己的心态。在与上司沟通时，要做到态度上不卑不亢，既要对上司给予尊重，也绝对不要唯唯诺诺、失去自我。绝大多数有见识的领导是不会对那些一味奉承、随声附和的人给予重视的。

但是，要知道领导也是人，是有人性的弱点的。因此，与其沟通就要考虑到他们的个性来注意自己的谈话方式。有些领导性格爽快，有些领导则沉默寡言、事事多加思索，因此身为下属应该考虑到这一点，学会看人说话。

面对上司交代的问题，反映给他们的情况要真实，正确报告事实的真相，这是相当关键的。这不仅有利于领导做出正确的判断，也直接影响到领导的威严。许多部门的上下级之间、同级之间发生的纠纷，都是由向他们反映的报告失实引起的。

张岗在一家印刷厂工作。一次，他所在公司的经理问他："纸厂把纸送来没有？"他回答："送过来了，共有五千令。"经理问："你数了吗？"他说："没有，是看到单子上这样写的。"经理冷冷地说："你不能在此工作了。本公司不能要一个连自己也不能替自己反映清楚情况的人。"

张岗之所以被老板"炒鱿鱼"，正因为他所反映的情况不属实。这一点是相当重要的，无论身在任何一个岗位或者从事任何一项职业，对自己的领导反映自己工作的情况，首先要确保真实性。对于自己没有把握的事情不要说，自己没有做过的事情也不要说做得很圆满，否则会使上级反感，甚至和张岗一样失去饭碗。

另外，面对上司要注意时时维护老板的威严。因此，一些让上司不高兴、下不来台的话最好不要说。比如回答上司的问题时，"随便""都可以"这样的回答，会让你的上司感到你感情冷漠、不懂礼节，对什么都采取一种漠不关心的态度。如此一来，你的形象在自己上司的心中就大打折扣，这可不是一件好事。一旦树立这种印象，你以后的职场生涯可谓黑暗、曲折而漫长。

蔑视上司的话千万不要说出口，这更加是对上司威严的一种宣战。比如，"这事你不知道""那事我早就知道了"，这些话中明显就是嘲讽上司的无知和无能，这些话哪怕是对自己的朋友都会造成一定的伤害，更何况是自己的领导呢?

想表达自己的好意却用词不恰当也会给自己带来不小的麻烦。比如，"您辛苦了""太晚了""好啊""可以啊""您的做法真让我感动""经理决策英明，我很感动"之类的话，这些话应该是白上而下的，由身为下属的你说出口显得不妥，只会引得上司的不悦。你不得不注意你平时的措辞习惯，千万不要无心触碰了老板的虎须。

在职场上，很多人最常说的一句话就是"我想这事很难办"。这话也不要随便说。一方面显得自己在推卸责任，另一方面也显得上司没有远见，会让上司脸面上过不去。你要记住，对老板一定要绝对地服从，但是也一定要学会有智慧地服从，在面子上还是要照顾到上司的脸面的。

面对这种很为难的情况就要学会有技巧地处理，既要尊重领导，又要不委屈了自己。为了避免尴尬，可以从反面说起。反语是语言艺术中的迂回术。正话反说便是欲擒故纵，取得合适的发话角度，达到比直言陈说更为有效的说服效果。

齐国的齐景公十分爱马，收藏了很多名贵的马匹，全都交给一名马夫饲养。然而有一天，齐景公最爱的那匹马在马厩中病死了，齐景公怒火直上心头，当即下令要把马夫处死。

这时有人上前劝谏，说乱杀臣子不是仁君的作风。可是齐景公此时火气正大，哪里听得进这些，便怒斥群臣，谁再替他求情就一起处死。晏子本来也想劝谏齐景公饶马夫一命，但眼看情形至此，只好改换策略，机智讽谏。

晏子见齐景公这么生气，也装出一副怒不可遏的样子，指着马夫叫道："这人养死了大王的宝马，确实该杀！不过在他死之前，请让我替他申明罪状，好让他死个明白。"

晏子见齐景公没有制止，便继续说道："你犯的罪一共有三条。第一，你养死了大王的宝马，该杀！第二，你让大王亲手处死自己的臣子，从此背上不仁的骂名，该杀！第三，如果大王因处死你而不仁的骂名传到邻国耳中，定会被诸侯耻笑，如此更是该杀！"

说到这里，齐景公立刻明白了晏子的意思，赶忙离开座席，一边摇手一边喊道："别动手，别动手！把这人放了吧，过错在寡人。"此时，那个马夫早已吓得半死，等他从惊悸中恢复过来，连忙向晏子磕了三个大响头，慌慌张张地逃走了。

假如晏子直接进谏肯定会遭到冷遇，不仅救不到人，甚至还会连累自己。但是他通过说反语的方式间接地点醒了对方，既照顾到上司的颜面，又达到了自己的目的，效果确实不错。

面对上司，很多人往往觉得不知所措，总是担心说错话给自己带来麻烦。其实，我们只要掌握一些原则和技巧，以平常心去应付，懂得巧妙地用语，这也将有助于我们克服"对上沟通没有胆"的弱点。

# 面对上司发难，学会向上管理

员工对上司要绝对地服从，但是也要学会有智慧地服从。服从虽然是第一位的，但是也要学会灵活变通。

与上司相处是一种学问。话说得好听，说得到位，上司就易于接受你，喜欢你，你的职场道路就会很顺畅；否则，不分场合、不知深浅、不懂分寸，就会适得其反，工作做得再好也不一定得到领导的喜欢。

员工对上司要绝对地服从，但是也要学会有智慧地服从。面对上司合理的要求，你不应该拒绝，也不应该孤高自傲，毕竟上司的工作经验要比你多，你没有理由去拒绝他。但是很多时候，上司会自以为是地觉得自己是在为下属考虑，但是忽略了下属的要求和想法，这个时候，你就要向上司说明白了。你可以委婉地说出自己的想法和感受，让他们明白事情的缘由，让他们不再自以为是地觉得是在帮助下属。

另外一种情况最为普遍，那就是上司给下属安排了许多额外的工作，甚至超出了下属的工作范围。这种情况下，员工就要学会拒绝了。

很多员工没有勇气拒绝上司的要求，觉得人在屋檐下不得不低头，事实绝非如此。正如上面所说的一样，因为不会拒绝而为难了自己这也是很不公平的一件事。所以，拒绝上司，既需要员工具备勇气，更需要一定的策略。

"娜娜，这个方案你来盯一下。""娜娜，这个客户恐怕只有你能应付了。""娜娜，上海那个项目的人手不够用了，你去顶一下。"……每当上司为公司的某些事情抓狂的时候，一定会跑来找娜娜解决。虽然这是上司对自己的赏识，但是娜娜却觉得自己真是委屈得很，虽然活没少做，但是工资没涨、职位不提升，相比其他同事来说自己的工作量何止是多出了一倍？而且多做多错，出现问题上司要麻烦的还是她。

娜娜手头的工作多到加班加点也完不成的地步，可是周围的同事却闲得两眼发呆，薪水却拿得不比她少。娜娜一直这么安慰自己："再忍一忍吧，升职加薪的日子马上就会来临了。"但是机会却一次次走到眼前拐了弯。娜娜从人事部的一位同事那里得知，关于她升职的事情，中层领导在会议上讨论过很多次，每次都被老总挡住了，说什么娜娜的业务能力虽然不错，但是管理能力还不够，需要再多点锻炼。"我觉得他是有心为难你的。你想想，要是你升职了，他上哪儿找这么任劳任怨的万能胶？"这位同事好心提醒娜娜。

娜娜非常愤怒，但是她却不知道如何处理。回到家后，她向自己的丈夫抱怨。没想到，丈夫却说："要是我是老板也不会升你的职的。一个只会服从不会拒绝的人怎么去管理别人？"娜娜觉得似乎有几分道理。虽然对上司要服从，但是却不可以盲从，自己有意见一定要适时地提出来，如果不表达出你的意思，上司怎么会知道你的委屈呢？服从是一定的，但是因此委屈了自己，吃亏的只能是自己。所以娜娜决定改变一下自己。

老总再次给她增加工作量时，娜娜没有直接否定老总的意思，而是委婉地提醒老总："我现在手头有三个大项目、十个小项目。我担心时间安排不过来。"老总的脸立刻变了，好像非常失望："可是，这个项目只有你去做我才放心。"

"那好吧，我赶一赶。"已经习惯服从老板的娜娜还是同意了老板的请求，但是她接下来说道，"但是要是保质保量地按期完成任务，我需要几个帮手。"娜娜说得轻描淡写。老总却很惊讶地看着她，终于笑着说："那我考虑一下。"

娜娜知道给自己委派助手就相当于升职了，老总是不会情愿答应的。如果他不答应这个条件，也就不会再把这个沉重的负担塞给娜娜。


娜娜既表达出了自己服从上司的意思，又维护了自身的权益，给上司留下了非常好的印象。自此以后，娜娜的老板也没有再提新任务的事情，反而经常关心起娜娜来，并开始叮嘱娜娜有困难就提出来，不要累坏了身体。可见，服从虽然是第一位的，但是也要学会灵活变通。

# 珍惜身边每一个可以共事的人

跟普通朋友相比，同事之间往往存在既合作又竞争的关系，很多时候还会出现利益冲突。只要你多和同事沟通，会和同事沟通，很多问题将不复存在。

我们生活的大部分时间都是在工作，一天 24 个小时，除去吃饭睡觉的时间，你有一大半的时间是在和同事相处，同事成了你生活中仅次于家人的亲密接触者。但如果和同事的关系相处不好，那你一天郁闷的时间肯定会比愉快的时间长，生活将变得沉重无比。

许多职场中人都感叹和同事的关系不睦，这似乎也成为现代职场的通病。他们认为，"职场如战场"，同事就是竞争对手，跟同事做朋友，只能是给自己埋下一颗定时炸弹，因为他了解你的缺点，甚至还握有你的"把柄"。同事真的不能做朋友吗？

其实，要和同事处理好关系并不困难。同事也是人，是有情感的，只要用以真心换真心的方式与之相处，是能够成为朋友的。当然，同事毕竟是特定环境下的朋友，与普通意义上的朋友有所不同。跟普通朋友相比，同事之间往往存在既合作又竞争的关系，很多时候还会出现利益冲突。只要你多和同事沟通，会和同事沟通，很多问题将不复存在。

善待同事，就是善待自己，这将非常有利于我们工作的开展。因此，下面提供一些与同事沟通相处的方法和技巧，帮助你树立公司中的好人缘。

## 1. 坦诚相对，相互尊重

沟通的目的是传情达意，而不是敷衍应付。即便两个人经常沟通，但如果不敞开心扉，而是藏着掖着，那也达不到沟通的效果。

戴维和杰克原本是一对很要好的朋友，从同一所大学毕业，又同在一个公司同一个科室工作。戴维思维严谨、观点缜密；而杰克观念前卫、思维敏锐，两人的工作互补性很强，被公司誉为"黄金搭档"。但是有一阵子，他们两人突然变得深沉了，上班也不在一起研究问题，各人在自己的电脑上工作，相互好像不认识一样。这一异常现象被部门经理发觉了，把他们俩找到一起盘问，两个人都说没有发生什么。

后来细心的部门经理发现戴维疑心杰克在同事面前说过自己的失败经历，所以不愿搭理杰克，而被误会的杰克却以为戴维把他当成了竞争对手。于是，经理分别找他们再次谈心，挑明他们之间的矛盾根源，解释了其中的误会。经过经理的开导，他们也进行了一次开诚布公的沟通，他们都觉得自己误会了对方，并做了一次自我反省。工作是不可以带着私人情绪的，因为夹杂私人情绪就会因为在工作中互不支持，导致两败俱伤，影响自己在公司的前途。最终，两个人消除了隔阂，依然是工作中的挚友，携手并进，共同发展。

## 2. 少说话，多倾听

倾听可以使同事感到被尊重和欣赏，倾听也可以真实地了解同事，还可以减除同事的压力，帮助同事清理情绪。倾听还是解决同事间冲突、矛盾，处理抱怨的最好办法。少说多听，还可以得到很多信息，并有利于保护自己的商业秘密。

## 3. 视同事为队友，而非对手

同事之间是一种既合作又竞争的关系，因此，千万不能把同事当冤家看待。对于在办公室里跟自己有竞争关系的人，不妨试着去赞美他，或请他帮一个小忙，往往可以神奇地化解彼此间的敌意。在职场上，减少一个敌人的价值胜过增加一个朋友。器量狭小、排挤同事的人，一定也会遭到其他人的排挤；把同事当作阻挡前途的人，一定难以在办公室里立足。

## 4. 求同存异，理解和欣赏同事

同事之间由于经历、立场等方面的差异，对同一个问题往往会产生不同的看法，引起一些争论，一不小心就容易伤和气。因此，与同事有意见分歧时，涉及原则问题时要坚持，必要的争论是不可避免的，不能随波逐流或是刻意掩盖矛盾；二是不要过分争论，别人接受一个观点需要一个过程，况且还有爱面子的心理，所以过分争论只会激怒对方，影响团结。

因此，产生分歧时，要努力寻找共同点，争取求大同存小异。实在不能一致时，不妨冷处理，表明"我不能接受你们的观点，我保留我的意见"，让争论淡化，又不失自己的立场。

我们要学会宽容和理解，多发现同事的优点和长处，并不失时机地给别人以表扬。你的赞扬会让他得到心理满足，你们的关系也会更进一步。

### 5. 不揭对方的短

每个同事都有自己感兴趣的话题，聊天要因人而异，多说些赞扬的话，这样关系会比较融洽。谁都爱听好听的话，这是人的本性。记住，千万不要在同事面前说其他同事的坏话，这会有损你在同事心中的印象。而且，流言会如同长了翅膀一样迅速传播开，势必会影响你和他的关系，无异于给自己找麻烦。

尤其是在与外单位人员接触时，很容易对平时不和的同事品头论足、挑毛病，甚至恶意攻击，影响同事的外在形象，长久下去，对自身形象也不利。同事之间由于工作关系而走在一起，就要有集体意识，彼此团结，多补台少拆台，不要为自身小利而害集体大利，这样才能发挥出团队的力量。

### 6. 抽时间加深同事间的感情

平时要多培养自己多方面的兴趣，这样就可以创造与同事多交流相处的机会。比如，你可以学习游泳，这样就可以约同事下班后一起去；如果同事喜欢逛街，你也可以在周末找个时候陪他一起去。在这些休闲的活动中可以互相交流信息、切磋自己某些爱好的体会，借助这样的机会来融洽人际关系可以事半功倍。

### 7. 换位思考，多理解同事

跟同事之间，由于各人性格、工作性质、工作侧重点的不同，最容易形成利益冲突，如果对一些小事不能正确对待，就容易形成沟壑。在这种时候，尽可能把问题变得简单一些。特别是利益上有冲突的双方在沟通的时候，一般都会抢着表达自己的意思，却忽略对方的意思。那么，当你过多地考虑自己的利益，对方却没有什么感觉的时候，沟通就无法进行。所以，既然利益是双方共同的关注点，那么，在沟通的时候，一定要考虑到对方的利益所在，这样才能让沟通变得顺畅。

## 8. 对自己的过错要主动道歉说明

与同事发生矛盾时，要换位为他人多想想，避免矛盾激化。如果已经形成矛盾，自己又的确不对，要放下面子，主动向对方道歉，求得对方的谅解，以诚心感人。双方的误会应主动向对方说明，不可小肚鸡肠，耿耿于怀。退一步海阔天空，如有一方主动打破僵局，就会发现彼此之间并没有什么大不了的隔阂。

# 化解敌意，从容面对职场竞争

首先，你应该树立良好的心态，化解自己心中的敌意，然后才能去化解对手的敌意，并在职场中脱颖而出，游刃有余。

有职场的地方就有竞争，同一个位置也许在暗地里有无数双眼睛在虎视眈眈地瞅着它。在你身边同样藏匿着暗礁、危机。如何面对自己的竞争对手呢？是临阵退缩，把位置让给对手，还是心怀怨恨，暗地里对别人使绊子？首先，你应该树立良好的心态，化解自己心中的敌意，然后才能去化解对手的敌意，并在职场中脱颖而出，游刃有余。

## 1. 展示你优秀的一面

职场中的竞争同样是优胜劣汰的原则，同样是适者生存。因此，如果你没有坚硬的后台做硬件，要想在竞争中取胜只有依靠自身的"软件"了，比如，你是否有良好的沟通能力，有没有团队精神，外交能力是否出色，是否知道编织自己的人际关系网，等等。当然，你所拥有的这些"软件"

一定要是对手所没有的，这样才能体现你的优势。然后再通过适当的途径把它们展示出来。

市场部助理珊莉不久前被提升为秘书室主任，这都得益于她平时所做的策划文案都十分精彩，并常有文章在报纸杂志上发表。当珊莉得知秘书室主任一职空缺，公司内定人选是打字员苏琳时，她很自信地来了个毛遂自荐。总经理边翻看着珊莉的文案，边对她精彩的文笔发出赞叹。经过一番考虑后，总经理终于决定放弃那个长得漂亮但文笔平平的苏琳。

如果你觉得自己有足够的能力担任公司的要职，千万不要犹豫，不要去相信"酒好不怕巷子深""土不埋金"的古训，因为在这个人才济济的时代，机会自己送上门的概率几乎可以忽略不计。所以，与其让机遇失之交臂，不如学会让别人发现你。

## 2. 不与竞争对手发生正面冲突

很多时候我们会将自己的竞争对手看作死敌，为了成为那个令人艳羡的成功者，也许你会不择手段地排挤对手，或是拉帮结派，或在上司面前历数别人的不是，抑或设下一个又一个巧计使得对方马失前蹄。但可悲的是，处心积虑的人有时并没能成为最终的赢家，收获的只是一腔沮丧和悔恨。

从郑敏任行政经理的第一天开始，苏小睿就对她十分戒备。刚任这家外企公司驻京办事处代经理的苏小睿敏锐地感到郑敏的到任对自己是个威胁。于是，苏小睿为了保住现在的职位，自恃在公司的老资格，便经常在老板面前说郑敏的坏话，有一次竟当着全体员工的面因为一点小事对郑敏大动肝火。

虽然郑敏对苏小睿的敌视做法很生气，但是她非常有涵养地回避了对方，并没有与她发生正面冲突。半年后，郑敏正式被公司委派做办事处经理。而一直对郑敏怀有敌意的苏小睿也终于迎来了自己的噩梦，她一气之下辞了职。

苏小睿到最后都没有明白，问题的原因正在于自己，是她一手促成了竞争对手安全到位。要知道，没有老板会把一个心胸狭隘、与同事矛盾重重的人放到重要职位上。如果她能采取另一种更积极的方法，比如学会与郑敏良好沟通与协调，多多向她学习一些管理之道，注意与其他同事的交往方式，在上司面前谈及同事时，着眼于他们的长处而不是短处。那么，凭着她在公司的资历，老板又有什么理由不让她坐上这个办事处经理的职位呢？

所以，无论在什么情况下都请记得：与自己的竞争对手发生正面冲突永远是最蠢的做法，往往会招致别人的看低和上司对你的负面评价。面对强大的竞争对手，选准时机运用以退为进的战术，不失为取胜的一种策略。

## 3. 保持一颗宽容心

在办公室中工作，无论胜败如何，其结果大家还是要在一起工作。抬头不见低头见，心中始终充满了怨恨，终致无法安心工作。不如试着让自己拥有一颗宽容的心，让心绪变得平和，使自己能理解别人，这样无论成败你都是英雄。

　　人事部经理在离职之前，向公司推荐了阿力接替自己的位置，但最终坐在这个位子上的人却是阿强。很多人都为阿力感到不平，毕竟阿强无论是资历还是学历或水平，都比不上他。但阿力却对此表现得很大度，笑着说其实阿强有许多优点，如活泼好学、聪明伶俐。

　　此时稳坐人事部经理的阿强深知自己为了得到这个职位使用了不光彩的手段，所以心里也觉得愧对阿力。看到阿力的大度和平日对自己的友善，令他既意外又感动。

　　第二年的薪资评比中，阿力得到了最高的加薪幅度。当然，身为人事部经理的阿强在其中起了举足轻重的作用。不久阿力又被委派做了公关部的经理。

　　办公室里的钩心斗角让人变得非常有压力，这时的你与其花费时间去贬低对手、急着跳出来表现自己，不如冷静下来想想怎样编织更为和谐的人际关系和圆满地完成每一件任务。

# 批评与包容并重，学会向下兼容

批评下属本身就是一件非常不愉快的事情，因此管理者要做的就是如何让这次沟通变得卓有成效而意义非凡。

批评是让人改正错误的方式，但是批评也要讲究艺术。恰当的批评会给对方敲响警钟，使其改正错误，反之，则会适得其反，弄巧成拙。在工作中，员工避免不了会犯错误，因此领导要想纠正错误、批评员工一定要注意场合，最好是在没有第三人在场的情况下进行，否则，再温和的批评也有可能会刺激受批评人的自尊，因为他会觉得在同事面前丢了面子。他或许以为你是有意让他出丑，或许认为你这个人不讲情面、不讲方法、没有涵养，甚至在心里责怪你动机不纯。因为批评人不注意场合，带来这么多的副作用，受批评者心生怨恨，批评人、改变人的目的就很难达到。

如果万一必须在现场当众改变人、批评人，其态度、措辞要特别谨慎，以不刺伤他人的自尊为前提，否则很难达到批评人、改变人的目的。

王某遇刺身亡，凶手是他的一个下属。原来，王某在工作中批评这名下属，致使其心怀不满，最终痛下杀手。这出惨剧的发生不仅源于下属的道德沦丧，更与管理者沟通的不善有着莫大的关系。


　　管理实质上就是沟通，沟通作为管理工作中极为重要的一环，自有其无可非议的地位。与下属之间的沟通，是每个管理者每天的日常工作之一；这些沟通工作是否省时有效，直接影响到我们作为一个管理者的绩效。这里所探讨的就是我们经常提到的"对事不对人"的管理沟通方式，以及探索这种方式背后的思维，并抛砖引玉地探讨中国式的管理哲学。

　　作为管理者，经常会看到下属犯这样那样的错误。由于辅导员工、培养员工和领导员工是管理者的职责范围，这时候管理者是不能袖手旁观的。所以，如何指正及辅导下属，从而让他从错误中吸取教训，避免重复犯错误，同时又要让下属没有抗拒心理，达成良性的互动沟通，确非易事。这个问题也一直困扰着为数众多的年轻经理人。

　　此时，"对事不对人"的管理思想——更确切地说，是一种管理沟通方式——便可派上用场了。"对事不对人"的原则是，跟对方讲什么事的时候，其重心是说事，而非说人；因为说人很容易引来逆反心理。"对事不对人"的核心策略是，通过实事求是的态度，通过分析某件事的对错与否，提出中肯的建议或正确的意见，或帮他想到更好的解决办法，就可以带来他人的感激而不是抗拒。

　　但是如何让自己的批评和建议发挥最大的效用呢？这就需要管理者在与下属沟通中掌握批评的分寸、尺度，讲究语言的技巧，下面的几条原则可以参考和掌握。

## 1. 批评要善意

如果管理者的批评不是善意的，那批评只能成为下属与管理者冲突的导火索。在善意地批评别人时，用这样的话开头可能效果更好："可能你也不明白什么地方出了错。""这件事情你也尽力而为了，虽然结果还是出了错。"

真诚往往最能够打动人，谁愿意犯错误呢？特别是当事人内心已经很自责时，他们更加需要别人的心理支持。因此，多说说这样的话，远比批评更重要："我想你现在可能很难受。我们找个时间一起分析一下失误的原因好吗？"

指责只会让人与人之间陷入恶劣的情绪之中，可能使人丧失理智和判断力。这样的话最好以后不要再说了："我都跟你说过多少遍了？你为什么总犯同样的错误呢？""我看你真的是不可救药啦！"

## 2. 批评要具体

没有人愿意接受不明不白的批评，所以管理者在对下属进行批评时一定要具体。管理者要让下属明白是什么事情需要批评，批评的原因又是什么。

在批评时，管理者最好能与下属一起分析事情的原因，并指出正确的方法。有时下属会强调是由于其他客观因素造成的后果，与他本人无关。遇到这种情况，管理者不应一概否定下属的观点，应该从多方面帮助下属进行认真分析，让下属弄清楚问题的关键在什么地方。要记住，批评的目的不是责备下属，而是让他明白如何将事情做好。

### 3. 批评要公允

在批评之前，管理者最好能够对事件的过程进行认真而细致的调查。为了防止万一，在批评下属之前，应该让下属仔细地再将事情的经过复述一遍，并让他谈谈个人的看法。有时，你会通过下属的谈话发现一些你以前可能没有注意到的问题，如果这些问题没有得到解决，就不应该急于对下属进行批评。

另外，当事件涉及几位下属的时候，管理者应注意对相关的下属都要进行相应的批评，而不是只批评其中的一个。如果批评有失公允，势必引起被批评下属的强烈不满，甚至会产生对管理者的不信任。

### 4. 批评要及时

在发现下属有错误时，要掌握速战速决的分寸，立即采取行动，随时发现，随时批评，不要拖延。如果不这样做，对方就会想："我一直都是这样做的，怎么你过去就没有批评我呢？"这容易让对方产生种种猜测，以为是另有原因，以致产生不必要的隔阂，而为以后的工作带来阻力。

还有些管理者喜欢在批评的时候附带出一些下属之前的事情拿来批评。这不仅加大了下属的对抗情绪，而且会使事情进一步恶化。

### 5. 批评要因人而异

虽然说批评要对事不对人，但是事情的执行者还是人，所以我们就不得不考虑到人的因素，批评也同样需要因人而异。

如果明明知道某个下属的性格较为冲动，就不要过分批评他，而应该心平气和、语重心长；如果有的下属性格温和稳重，则可以顺应他的性格，娓娓道来。也就是说，管理者的批评风格应该尽量迎合沟通对象，与他合拍。

### 6. 批评要点到即止

批评下属的话不在多，而在精妙。言语精练，往往能一语中的，使听者在短时间里获得较多的信息，使对方为之震动，幡然醒悟。如果拖泥带水、东拉西扯，会让人不得要领，如在云里雾里，就达不到批评的目的了。

当你发表意见、指出对方的错误时，不要滔滔不绝讲个不停，使对方没有时间和机会来思考你所提出的意见，这样不但啰里啰唆让人生厌，还会让人觉得自己没有受到尊重。另外还要注意，不要抓住人家一点儿小错误不放，总是唠唠叨叨、没完没了地重翻旧账。

批评最好点到为止，既往不咎，最后你可以这样说："事情既然发生了，我们最重要的还是从中吸取教训吧。"

批评下属本身就是一件非常不愉快的事情，因此管理者要做的就是如何让这次沟通变得卓有成效而意义非凡。虽然批评别人对谁都是一件十分尴尬的事情，但是如果管理者掌握了批评的技巧，就能既达到批评的目的，又不伤害下属的感情。做到这些，相信你就成为一名管理有方的好上司了。

# 第六章
# 变通有度：方法对了，事就成了

　　社交之所以复杂而有趣，是因为我们与之打交道的是一个个活生生的人，而且每个人的性格、喜好、志趣等各不相同。因此社交没有固定的方式模板，只有随机应变才能左右逢源。中国式社交讲究懂分寸、知进退、有尺度，没有绝对的强弱高下，只有适时的通权达变。在社会的人际交往中，妥协是方法，变通是智慧，只有满足彼此需求的变通，才是社交平衡的智慧……

# 别让误会坏了人缘

误会越早解开越好，不要等到误会变成了怨恨才开始着急。发生误会时，少说一句不如多说一句，千万别嘴懒！

在社交活动中，由于一些意想不到的原因导致失误，常常会造成不必要的误会。比如，一对初恋者约会，小伙子因意外事情迟到了，又没说明原因，姑娘便认为他是个靠不住的人。再如，某单位领导找部下谈话，通知其调动工作，因没说明这是组织集体讨论决定的，使对方误以为是他的主意，等等。

其实，这些误会本来并不难消除，只要当场多说上一句话，把真实情况讲明，便可免去很多麻烦。可是，人们往往忽略了，没说这句话，结果留下遗憾。当然，事后进行疏通说明也可以补救，但总不如当场消除误会的好。

主动解释个性或个人心理，给对方打"预防针"，也可防止造成对自己良好动机的误解。比如，在提出对方不爱听的问题时，常常有一句先导性的话："有句话不知当讲不当讲……""我有一句多余的话，你可能不爱听……"这种打预防针式的解释背景的话，可以使对方充分理解自己的善意，不致当场形成误会和对抗而影响彼此关系。

夏洁是个大大咧咧的女孩，大学毕业后直接去了一家水产公司上班。公司的老会计王姐非常喜欢她，对她一向照顾有加。有一天，王姐的孩子从网上下载了点东西，因为家里没办法打印，所以就想麻烦夏洁帮忙打印，说孩子着急要用。夏洁答应了，但当天的工作特别忙，就把这事儿给忘了。第二天，王姐来取东西时，夏洁这才想起来，只好回答说自己还没弄呢！王姐脸色平静地告诉夏洁不用弄了，孩子只是闹着玩。夏洁也没在意，这件事就算过去了。但是后来夏洁发现王姐对自己特别冷淡。一次同事一起开玩笑时，夏洁说了句什么，王姐紧跟着就指桑骂槐地说了句："那当然，人往高处走嘛！领导有事吩咐声就行，咱们小老百姓哪支使得动啊？"夏洁这才明白，王姐误会自己了，可是事情过去了那么久还怎么解释呀？

夏洁错就错在没有当场跟王姐解释清楚，如果她把当时的情况说一下，相信王姐不会不理解。

当我们出现了失误时，很多人都觉得这没什么大不了的，不需要解释什么，结果就造成了对方的误会，给自己也带来了很多麻烦，所以必要的解释一定不能少！那么应该怎样做解释呢？

## 1. 解说原委

当由于特殊原因造成失误时，应及时实事求是地陈述原委。

为了防止他人产生潜意识的责难，当事人也可用自言自语的方式对自己行为上小的失误进行解释。比如，开会时间过了，主持会议的领导才匆匆赶来，他边走边说道："叫大家久等了。临时接待了外商，刚送走。现在开会吧。"只此一句，起码有两个作用：一是平息大家的怨气，主持人迟到，耽误了大家的时间，如此自我解释就是一种道歉；二是说明了迟到不是有意的而是遇到了特殊情况，易于得到他人的谅解，不致影响领导的威信。

## 2. 交代关系

有时在交际场合，对于可能引起他人猜测的人际关系或敏感问题也要主动说明，以解释嫌疑避免误会。有位处长到北京办事，顺便看看老同学，老同学的女儿跟他上书店去买书。正巧碰上本单位一位出差的同事，处长和他寒暄几句就匆匆而过。等他回到单位时，他在北京的"艳遇"已是满城风雨，任他如何解释也说不清，使他十分苦恼。其实，他当时只要介绍一下同学的女儿与他的同事认识，这一切都不会发生了。

对于易于为人猜测的敏感的男女关系问题应及时落落大方地说明，就可免去很多麻烦。某单位一科长与一位女同事公出，在街口遇上一位熟人。科长主动介绍："这是我们单位的小王同志，一块儿到上级机关开会，刚回来。"小王主动与之握手相识。这样介绍，自然免去了很多误解。

### 3. 说明背景

有时，在交际中为把事情说得更准确，使他人理解得更全面，不致造成误会，还应对背景材料做必要的解释和说明。比如，某书记找工人交谈，一开始就交代背景："马上要进行优化组合了，可能要涉及你，我今天是以朋友的身份来和你交心……"书记这样解释自己的身份，说明不是传达组织决定，而是朋友间推心置腹的交心，所以气氛更融洽，工人也敞开了心扉。

# 忠言不一定要逆耳

"人非圣贤，孰能无过"，每个人都难免会做出一些不合适的事，这时，即使你已经看破对方的心思，也要把握好分寸，给对方留足面子，最好不要当面点破。一定要尽量避免触及对方的敏感区，避免使对方当众出丑。

每个人都会有犯错误的时候，有时我们心里知道是自己错了，但嘴上却不肯承认，因为承认自己错了，就太没面子了。而这时如果有人毫不客气地指出我们的错误，我们也会表现出不以为然的态度，或者反唇相讥，甚至对指出错误的人心生怨恨。

由己推人，无论你采取什么方式指出别人的错误，比如一个轻视的眼神、一种不满的腔调、一个不耐烦的手势，都有可能给人带来难堪的后果。你以为他会同意你所指出的"错误"吗? 绝对不会!

聪明的人总是直话不直说，说话会拐弯儿，委婉地表达自己的意思，使听者懂得话外之音。说话如直炮筒子般的人未必会受欢迎!

理论上讲，待人处世中应该做到坦诚，不说假话，直来直去。而且在现实中，人们口头上也一向把直来直去的性格，作为一种美德，倍加赞赏。

但中国人的行为模式很特殊，最明显的一点就是"意在言外"。换句话说，就是嘴上说喜欢直来直去，内心深处却并不喜欢直来直去。

直来直去，实际上就是不给面子，使对方心中不快，以致造成双方关系破裂，甚至反目成仇。事后想想，仅仅因为区区小事，非原则性问题而失去领导的赏识，真是毫无意义，后悔晚矣！

朱元璋称帝后，要册封百官，可当他看完花名册时，心里又犯起了难。因为功臣有数，但亲朋不少。封吧，无功受禄，群臣不服；不封，面子上过不去。军师刘伯温看出朱元璋的难处，又不敢直谏，一来怕得罪皇亲国戚，惹来麻烦；二来又怕朱元璋受不了，落下罪名。但想到国家大事，不能视而不见，最后，他想出一个方法，画了一幅人头像，人头上长着束束乱发，每束发上都顶着一顶乌纱帽，献给了朱元璋。朱元璋接过画，细品其味，忽然哈哈大笑道："军师画中有话，乃苦口良药。真可谓人不可无师，无师则愚；国不可无贤，无贤则衰！"原来，刘伯温画的意思是，"官（冠）多法（发）乱！"

刘伯温此举，不但未伤害到朱元璋的面子，不犯龙颜，还道出了谏言：官多法必乱，法乱国必倾，国倾君必亡。画中有话，柔中有刚，是待人处世高明的说话会拐弯儿，使听者懂得话外之音，达到预期的目的。

另外，说话会拐弯儿，还体现在巧妙劝说上司改正自己所做出的错误决定，让上司从你拐弯儿的话中，自己悟出应该如何去做。

由此可见，即使真理站在我们这边，用最温和的态度对他说"你错了"，对方要接受这样的事实都是困难的。因此，在有必要好心提醒别人错误的时候，就必须运用一些技巧使对方察觉不到"你错了"这三个字。一位人际关系学家对此说："必须用若无实有的方式教导别人，提醒他不知道的好像是他忘记的或者是一时疏忽造成的错误。"用若无其事或者提建议的方式提醒别人也许会是一种不错的方法。

总之，不要对别人的错误过于敏感，不要执着于所谓正确的意见，不要轻易刺激任何人，这会让你获得更好的沟通效果。

# 得饶人处且饶人

既然矛盾已经产生了，就不要逃避，勇敢地正视它，拿出自己的勇气和曾经"敌对一方"的他冰释前嫌。不要觉得自己会丢面子，放不下架子，只有自己主动才能赢得先机，才能让对方在心理上处于劣势，这样，你的诚意他一定会接受。

如果有人侵犯了你的利益，让你去原谅他，你会怎么办？一般人的选择可能都会对侵犯他的朋友耿耿于怀，记恨在心，可是有的人则会彻彻底底原谅对方。

一次，林肯总统遇到某议员。该议员批评林肯总统对敌人的态度："你为什么要试图跟他们做朋友呢？你应该去消灭他们。"

但林肯却温和地说："如果他们都变成了我们的朋友，那不就等于我们消灭了那些潜在的敌人吗？"

这种高深的策略在交际中发挥着不可低估的作用，不可不引起我们的重视。当我们碰到反对自己的对手或者和自己暗自竞争的对手时，我们切莫动怒、把时间与精力花在考虑如何"击败"对手或者用某种优势压倒对方上，这样只会使怨气越积越深。我们应该寻找机会接近对方，使对方成为自己的朋友，这比摩拳擦掌、明枪暗箭般地斗下去要好得多，也就是《孙子兵法》上提到的"不战而屈人之兵"。

俗话说，勺子没有不碰锅沿儿的。当你因为一些小事，与自己的朋友发生矛盾了，不管你正确与否，你是否想到过去化解这些恩怨？既然矛盾已经产生了，就不要逃避，勇敢地正视它，拿出自己的勇气和曾经"敌对一方"的他冰释前嫌。不要觉得自己会丢面子，放不下架子，只有自己主动才能赢得先机，才能让对方在心理上处于劣势，这样，你的诚意他一定会接受。

在罗斯福出访非洲回来的宴会上，看见许多不相识的人，这些不相识的人都是美国政界名流、贵族名门、金融巨头，他们即使对罗斯福也并不显得存有太多的善意。

但罗斯福很快想出靠近他们的对策来。他通过身边的助手，了解到这些陌生人中每个人的性格特征、兴趣爱好等大概情况。于是，罗斯福就去和那些人逐个寒暄，并跟他们谈及他们最喜欢听的事情和他们的事业，结果许多人对罗斯福的看法都大为改观。

为了获得陌生人的肯定，罗斯福不厌其烦地打听他们的情形。这样，他的谈话材料才能引起他们的兴趣，使他们感觉到总统对他们非常重视，从而对他产生良好的印象。

在会见每个人时，关于这个人的一切情形，罗斯福都打听好了，特别是对每一个人的优点，罗斯福总是在适当的时机给以赞赏，这样每个人都觉得被重视了。

一个人成功的重要因素，是能把许多不认识的人变成新朋友。人与人之间不会完全相同，这种差异常常会体现在一个人的爱好中，并通过行为、习惯、意见等表现出来。我们在接触不同的人时，要注意并尽力把他们与自己融合在一起。

而且，时下社会的竞争情形越来越严峻，只有心理上能够承受足够压力的人，才可以给自己找回一席立足之地。

因为一个心理上成熟而健康的人，经得起合作的磨炼，也经得起竞争的考验。他是深明大义的合作者，也是光明正大的竞争者。竞争是要分输赢的，参加竞争就是为了胜过自己的竞争对手。在竞争中以"我胜你败"为标准，这和我们与搭档和朋友相处以"双赢无败"为目标并不发生冲突。作为竞争对手，我立志要胜过你；作为搭档和朋友，我绝不坑害你——这就是对待竞争的强健而又豁达的心态，也是新型"化干戈为玉帛"的典范。

化敌为友，除了自己要放下架子、心态平和外，技巧也是不可缺少的。

## 1. 抓住对方的性格特征，以求对症下药

比如《孙子兵法》中就提出了"怒而挠之"和"卑而骄之"等各种不同的出奇制胜之术。

"怒而挠之"就是如果你的对手脾气暴躁，就故意挑逗、欺侮使之发

怒，使之情绪波动，不能理智地分析问题，以致破绽百出，如此一来，要打败敌方就容易多了。"卑而骄之"则是遇上了力量强大且狂妄自大者，便可对症下药，用逢迎的言辞和有点价值的礼物麻痹对方，表示自己的唯唯诺诺，对他的矫情推波助澜，等到他狂妄至极，忘乎所以而产生麻痹轻敌情绪时，再出其不意，给予有力反击。

### 2. 充分表现你需要对方的帮助

这一点是很重要的，它能在最大限度上调动起对方的积极性。当然，你是否真的需要他的帮助，只有你自己知道。尽量抬高对方的自尊，对方一高兴，就可以避免把谈话激化，尽可能减少或消除以往的敌对情绪。你可以提到自己工作中的几个方面需要你的同事提供意见或指导。如果你要把这些方面进一步加以明确，你的同事大概也不会反对。

### 3. 对威胁置之不理

有时，我们会听到别人恐吓的问题："你以为你是谁？""你们那所高级学校难道没教你什么东西吗？""你从来没听过什么叫应急计划吗？"这些问题以及它们那些数不过来的变种，根本就不是询问什么信息，它们只是为了使你失去平和的心态。不要带着感情色彩去回答它们，干脆就不要回答它们。索性假装它们压根就没从对方的嘴里吐出来，你只管回到你的主题：你感受到了什么（而非它是什么）？你计划做什么，以及你希望怎样做？这样，你不给对方向你破口大骂的机会，就有可能减少他对这一类恐吓性问题的依赖。

#### 4. 敢于承认错误

　　不要总害怕承认自己的错误，以为这样别人就会看不起自己。其实，真正有能力的人是勇于承认自己的不对之处的。所谓的"知耻近乎勇"正是这个意思。

# 不想人脉擦肩过，别让害羞来惹祸

害羞的人在跟陌生人交谈时，常会感到拘谨而畏首畏尾、言不由衷，这是一种对陌生环境、陌生人群的恐惧心理。这种心理虽然称不上是病，但却是一种障碍，很多人因为害羞而丧失了功成名就的绝佳机遇。

提到害羞，我们眼前可能会跳出一个女子以袖遮面，却忍不住从袖子的缝隙偷看的可爱形象。这里的害羞真是风情万种。可是，结交人脉，我们拒绝害羞，而且要把害羞打入死牢！因为作为一个人脉的渴望者，我们充当的是一个追求者的身份，追求者当然要主动、积极！只有这样，你才能追到自己心仪的对象！

对一个已经步入社会的人来说，拘谨的性格是最要不得的。

要解决这一问题并不难，首先你要问一问自己，为什么你跟自己的父母或者老朋友谈话不会感到有任何困难呢？这是因为你跟他们非常熟悉。面对自己已经相当熟悉的人，你感到很自然，而一旦面对陌生人就大不一样了。原因何在呢？因为你对陌生人一无所知，特别是进入一个陌生的群体，你就可能会浑身不自在，甚至有惧怕的心理。所以，要想在跟陌生人聊天或者谈生意时毫不拘谨，关键就在于要先把陌生人变成自己的老朋友。

所以，在你决定和某个陌生人谈话时，一定要主动介绍自己，这样人家就会乐于跟你聊天，你就把握好了一次机会。你还可以从工作入手，对方的或是自己的，随着交谈的深入你可以涉及其他的话题，但话题的选择一定要双方都感兴趣。

如果遇到那种比你更羞怯的人，你应该先跟他谈些无关紧要的事，让他心情放松，以激起他谈话的兴趣。话题的选择要尽量小心，容易引起争论的问题能免则免。同时呢，你要特别留心对方的眼神和小动作，一旦有淡漠、厌恶的表情，应立即转换话题。

不管哪种方法，都需要你变得大胆起来！如果你都不好意思与人交谈，那么你还如何将自己推销出去呢？所以，即使是最文静的人，如果他要将自己推销出去的话，那么最终他出师时也必是一个能说会道的、跟陌生人交谈脸不发红心不跳的人。

卡尔杜奇指出，害羞的人倾向于在一个有限的社交范围内活动，他们喜欢在一个固定的小圈子里交往，反复做着同样的事情。他们故步自封，拒绝去扩展新的社交领域。这些问题严重影响着一个人的发展。

如果一个人没有起码的社交能力，那么就可能在生活和心理上渐渐脱离社会，这是很可悲的。作为一个正常的社会人，一定要客服自己的害羞心理。

那么我们应该如何克服自己的害羞心理呢？可以试试以下方法。

## 1. 自信起来，明白你并非一无是处

我们可以注意到这样一个有趣的现象：自信的人几乎不害羞，害羞的人往往是不自信的。所以要克服害羞心理，你就得自信，永远不要无缘无故把自己说得一无是处。人人都有缺点，也有优点，你一定也有自己的长处。一个人首先要正确、全面地认识自己，要敢于认可自己、肯定自己。想一想你曾经做过的成功的事情，自信是很容易找到的。

## 2. 充分发挥自己的优势，同时避免劣势

如果你确实发现不了自己身上有哪些优点、哪些缺点，你可以问一下自己最要好的朋友，在他们的倾心帮助下，你一定能将自己的优劣势全部发掘出来。找到以后，静下心来评价一下自己的哪个优点还没发挥，要怎么去发挥；还有哪些缺点是可以忽略不计的，哪些缺点是你必须像垃圾一样丢进垃圾桶的。这样，清晰地认识到自我，你就不会全盘否定自己。

## 3. 请不要躲在一个小角落里，要站在最惹人注意的地方

王宝强相信大家绝不陌生。当他还是一个毫不起眼的群众演员时，他就故意站在最引人注意的地方，让那些大牌人物看到自己，他没有像一个普通的群众演员那样害羞胆怯。所以，请不要再刻意躲避到一个无人注意的小角落里，站在更多人面前，你的耀眼光环才更容易被人发现。

## 4. 有什么话大声地喊出来

害羞的人常常底气不足，与人说话的时候唯唯诺诺，不置可否。请改变这种情况，下次与人谈话时，如果你确实有想说的，请大声说出来，让

对方听清你要讲的是什么。将憋在心里的话大声喊出来，你就找到说话的底气了。

## 5. 直视对方

与别人交谈的时候，要直视对方的眼睛，这样证明你在用心倾听对方的谈话，这也是一种表达尊重的方式。同时，直视对方也是挑战自己，培养与人交际能力的一个不可忽视的小方法。

## 6. 请将你的话再重复一遍，别人不会置之不理的

有些害羞的人，在勇敢地说出某句话后，旁边的人可能没有听清，所以没做回应。害羞的人却以为自己的话别人不感兴趣，所以再次缄口，好像从没说过什么话似的。请杜绝这种心理，将你的话再重复一遍，别人不会置之不理的。

## 7. 请将自己的话说完

有些本性害羞的人在讲话的时候，突然被人打断了。而后，他也不好意思再继续自己的谈话。半截话的问题，请千万杜绝，你应该找个机会，将自己的话表达完整，因为可能在场的人对你的谈话很感兴趣，他们正等着下文呢！

# 说话看场合，玩笑避忌讳

在谈话中，一旦对方表示不愿回答你的问题时，就不要再继续追问，赶快转移话题。如果已经引起对方的反感要立即道歉，以免给自己日后造成不必要的麻烦。

古往今来，忌讳就一直是人类所特有的一种意识。所谓"忌讳"因人而异，因地而异。有人讳言"死"，有人讳言自己长辈的名字，有人忌讳谐音，正在得意的人忌讳说到失意的事情……要想沟通顺利，那么在人际沟通中，你就不得不对对方的忌讳引起重视。如果在沟通中不小心碰到了对方最不愿被提起的事情，将会非常不利于我们的沟通，甚至还会因此和他人结下怨恨。

赵经理和沙经理很要好，志趣相投，开玩笑习惯了，嬉笑怒骂无所不说，私下里没有保留的余地，互相了解至深，甚至对方的忌讳也是酒后茶余的谈资。在一次宴会上，赵经理喝得有点儿多，为了表达对沙经理的曲折经历和能力的敬佩，他举起酒杯倡议说："我提议大家共同为沙经理的成功干杯！总结沙经理的曲折历程，我得出一个结论，凡是成大事的人，必须具备三证！"有人高声问："哪三证？"赵经理提了提嗓门答道："第一是大学毕业证；第二是监狱释放证；第三是老婆离婚证！"话音刚落，众人哗然，沙经理硬撑着喝下了那杯苦涩的酒。

这三证中的两证无疑是沙经理的忌讳，他不想让更多的人知道，也不想让人们议论，所以表面上假装若无其事的样子，内心却是充满了悲愤和凄凉。

这个故事就警示我们，在称赞与自己的关系很熟很好的人时，如果是当着其他人的面，千万不要冒犯他的忌讳。毕竟，每个人都希望给自己保留一块私地，保留一份尊严。请尊重朋友的忌讳，不要开那些残酷的玩笑。

每个人都有其特殊的忌讳，在与他们进行沟通时你就需要事先了解清楚。比如，对方的父母已离婚，你如果不知底细，任意闲谈，在对方面前谈论其他人的父母早已离婚，说某某是个私生子……虽然你说的都是与对方不相干的人和事，但是在对方听来，却并不是这么认为，他会认为你在指桑骂槐，揭他的老底。即使他不便立即发火，但内心却是很难受的，对你的愤恨不问便知。

留心对方的忌讳，在交际上原是一件小事，在彼此之间的交际上却是一件大事。你生活在这个社会中，冤家越少越好，如果口里说话不慎而结了冤家，那是最不值得的。也许你花了多年心血建立起来的友谊，被随口而出的一句话给毁了，确实非常的可惜。这就要求我们在人际沟通中做到以下两点。

第一，必须了解对方。既要了解对方的长处，也要了解对方的不足，这样才能在沟通中做到"知己知彼，百战不殆"。因为每个人都会有自己的个性和习惯，有自己的需求和忌讳，如果你对沟通对象的优缺点一无所知，那么沟通的时候就难免会踏进对方的"雷区"，给沟通造成不必要的麻烦。

第二，要善于扬善弃恶。在与人相处时，要多多讨论正面性质的话题，回避负面性质的话题。有谁希望谈论到自己不光彩的一面呢？在沟通中，拿别人不光彩的问题来做文章，即便没有触犯到对方的忌讳，但是也显露出你这个人的人品和道德，更何况忌讳往往就隐藏在这些负面的话题中。因此，回避负面的话题对谁都是有好处的。

与人交谈时，要尽量避免正面谈论对方的忌讳，即便是为了特殊的需要或者大局而必须指出对方的缺点，也要讲究正确的方法、策略。否则不仅达不到既定目的，还很可能引火上身。

明太祖朱元璋打下了天下做了皇帝，曾经和朱元璋一起讨过饭的两个伙伴听了高兴得不得了，他们决定前往京城会会这位当年的伙伴，也好沾点光。

其中一位朋友比较有学问，他对朱元璋说："我主万岁！当年微臣随驾扫荡芦州府，打破罐州城。汤元帅在逃，拿住豆将军，红孩子当兵，多亏菜将军。"此话很中听，又勾起了朱元璋以前的回忆，于是朱元璋下令奖赏了这个伙伴。

另一位朋友听说此事也兴冲冲地跑来京城。一进金銮殿他就指手画脚地说道："我主万岁！你不记得吗？那时候咱俩都给人家放牛，有一次我们在芦苇荡里，把偷来的豆子放在瓦罐里煮着吃，还没等煮熟，大家就抢着吃，把罐子都打破了，撒下一地的豆子，汤都泼在泥地里。你只顾从地下抓豆子吃，结果把红草根卡在喉咙里，还是我出的主意，叫你用一把青菜吞下，才把那红草带下肚子里。"朱元璋一听，脸上一阵红一阵白，气他在众多大臣面前竟然揭他的短，于是下令把他拖出去斩了。

后面的那位穷朋友说话不得当，触犯了朱元璋的忌讳，尤其是在群臣面前揭短，也难怪会葬送了自己的性命。

无论是谁，口无遮拦地说话都是要不得的。即便当时没有危险，但是给对方结下怨恨，终究是没有好处的。

一般来说，在沟通中除了需要注意到上面所提到的两点外，还有些话题是不宜讨论的。一是不要询问对方的工资收入、财产情况、个人履历、服饰价格等私人生活问题。这类问题是多数人都忌讳谈论的话题，如果你一味地提问，就是对别人的不尊重，侵犯了对方的隐私权，这种失礼的行为是缺乏教养的表现，会自讨没趣。二是不要询问女性的年龄、是否婚配。现代职业女性对于年龄和婚姻问题十分敏感，认为这是个人隐私。在与女性沟通时，切莫用"太太"一词称呼对方，也不要谈论她们的体型肥胖，以免伤害到对方的自尊心。

在谈话中，一旦对方表示不愿回答你的问题时，就不要再继续追问，赶快转移话题。如果已经引起对方的反感要立即道歉，以免给自己日后造成不必要的麻烦。

中国有句俗话："树要皮，人要脸。"说话的时候，一定要设身处地地为对方着想，不要由着自己的性子和习惯说话，这样才能和和气气、皆大欢喜，切莫走错路、踩到雷。

## 凡事都有解，勿钻牛角尖

有时候，我们自以为受到嘲笑、侮辱、欺负，都只是自己心中的一种假想，如果你过于介意外界与你的互动，那么连多说一句话都觉得别人都和自己过不去。而实际上，真正跟自己过不去的，是那个画地为牢的自己。

生活不可能只有幸福，没有失落，交际也不可能只有赞赏，没有分歧。当你被人指责时，是否会采用偏激抬杠的方式反驳对方？当你被人冤枉时，是否会陷入内心矛盾的纠结，既抱怨命运不公又无从为自己申辩？当你被人欺负时，是否会久久咽不下这口气，一有机会便借机报复？这些都是典型的钻牛角尖的行为，说白了就是处于完全的自我认知中，自己跟自己过不去。

钻牛角尖本质就是自己心里过不去的那个"理"。当我们处理矛盾和冲突事件的时候，总是容易陷入极端和偏激的心理，认为自己的行为才是符合"常理"的，因此表现出情绪上的对抗，不愿意与人沟通，也听不进他人的劝说，进而做出违反常理的举动。

其实在人类的认知体系中，自我认知在自我保护的环节发挥着极为重要的作用。我们对于自己和这个世界的了解，首先是建立在自我认知的基础之上的，就像自然界中的动物天生就具有领地意识，当自己所认知的范围受到侵犯时，就会引起由内而外的警觉和抵触。

小赵在上大学期间，就与室友关系不和，因为他觉得室友们经常孤立自己，聊天的时候只要自己一说话，就会招来他们没完没了的嘲笑，尽管那只是年轻人之间爱开玩笑而已。

有时候，室友需要帮忙也会找小赵，但都是一些鸡毛蒜皮的小事，因此小赵觉得，这些小事室友本人完全可以搞定，找自己帮忙单纯是觉得自己好欺负。

班上的同学也是，一些集体活动小赵根本不想参加，却总是被强拉硬拽地拖去，搞得自己好像做了什么事，必须受惩罚一样。

后来，小赵大学毕业了，进入一家公司实习，负责跟甲方对接项目，结果没几天就与甲方发生了矛盾。本来只是一些小问题，只要按甲方要求改正就可以了，但小赵总觉得自己就是按照规定流程来操作的，不可能有问题，是甲方处理不当才造成了差错，谁的责任就该谁自己去担。

最后的结果当然可想而知，小赵连试用期都没有通过，就被公司辞退了。

有时候，我们自以为受到嘲笑、侮辱、欺负，都只是自己心中的一种假想，如果你过于介意外界与你的互动，那么连多说一句话都觉得别人都和自己过不去。而实际上，真正跟自己过不去的，是那个画地为牢的自己。人一旦钻起牛角尖来，就容易看不清事物的本来面貌，把内心封闭在自己的世界里，处处纠结自己的感受、原则和道理，这样是无法与外界沟通的，更别谈人际交往了。

孤僻自闭、刚愎自用、拒绝沟通、自认有理、敏感易怒、揪住一点不放、打破砂锅问到底……这些都是爱钻牛角尖的人经常表现出的心理状态。他们会不停地寻找理由和借口把自己武装起来，好让自己的行为看起来更合理，这简直让事情变得更加不可收拾。有趣的是，在生活中有一种极为常见的操作同时包含了以上所有的特征，那就是情侣间的争吵。

女：你不爱我了。

男：哪有？

女：你就是不爱我了。

男：没有啊。

女：那你今天为什么不给我发信息？

男：我今天很忙啊。

女：你以前追我的时候也很忙。

男：不是，今天我是真的很忙。

女：那你以前追我为什么不说你忙？你就是不爱我了。

男：不是的，我今天有个很重要的会议。

女：就算你忙，难道你不吃饭吗？不上厕所吗？连几秒钟发个信息的时间都没有吗？

男：……

钻牛角尖最可怕的地方在于，它往往会和个人的强迫症并发。一旦每天都会发生并习以为常的事情突然消失时，当事人就会一直想，反复想，强迫自己去想，事情为什么会这样。如此不断地给自己施加压力，当然会加剧自己的精神内耗，陷入无法自拔的境地。

如果你发现自己也有这种情况，那就一定要在它对你造成严重伤害之前，尽早摆脱这种心理。并且因为问题就发生在自己的认知上，所以单纯靠自己的力量调整思维模式，无法从根本上解决，而最好的处理办法，就是从人际关系着手，由外而内渐渐调整。具体的方法主要有以下几个方面。

## 1. 坦诚面对自我

在讨论令人纠结的问题之前，我们首先应该面对的，就是那个钻牛角尖的自己，承认自己存在问题，才能对症下药解决问题。要知道，人们都有自己的思想和个性，但这并不代表我们总是正确的。我们应该时刻保持谦虚和开放的态度，允许自己犯错误，并允许别人指出自己的错误，这样才能对人坦诚相见。

## 2. 扩大交际圈，积极与外界互动

提升交际能力是摆脱钻牛角尖心理的核心。在与人交往的过程中，我们能够提升自己的沟通表达能力，沟通不是跟好朋友说几句心里话这么简单，关键是既要自己说清楚，又要让别人听明白，这样才能获得有效的互动和反馈。

除此之外，在与人相处的过程中，我们的情商也会进一步提高，而情商又是人际关系中必不可少的润滑剂和催化剂，因此能将人际关系导向正循环，让他人感到舒适和愉悦，从而对你更加欣赏，你也会活得更加快乐。

### 3. 倾听他人的意见，接受不同的观点

当我们面临矛盾和冲突时，往往会不由自主地陷入狭隘的思维模式，因此需要身边的人给出合理的建议，借旁观者的视角消除自己的思维盲区，找到解决问题的方案。而当我们发现自己的思想观念与别人不同时，应当尊重他人的看法，不要轻易否定和批判他人，这样才能拓宽自己的思路和眼界。

### 4. 不断学习和提高

在现代社会，任何知识和技能的更新速度都快得难以想象，当我们还在操着旧的观念和方法原地踏步的时候，说不定早有更加先进的技术问世。所以当别人对我们提出建议时，要看做一种提携，而不是对自己的否定。只有时刻保持学习的态度，才能不断提高自己的能力和素质，跟上时代的步伐，适应社会的变化和发展。

# 第七章
# 有局气：应酬得体，恰到好处

中国人历来十分看重人情世故，有人情往来就必有酒食应酬。俗话说，"民以食为天"，人们一有机会就和亲朋好友相聚畅饮，这是中国式社交的基本礼仪，如庆功宴、生日宴、告别宴、联谊宴等。那么当我们坐在餐桌上时，又该怎样体现自己的风度呢？你在餐桌上的每一个举动，都透露着你的社交态度，以及你心目中的人情分量。一场得体的应酬，是提升社交格局的开始……

## 醉翁之意不在酒

许多人赴饭局本意并不是去吃饭，而是运用饭局拓展自己的圈子，这才是社交高手赴饭局的真正目的。

一人食，通常说是吃饭；众人食，则称之为"宴"。中国人喜欢吃，这是毋庸置疑的事实。不知从何时起，吃饭已经不仅仅是为了填饱肚子，它逐渐地被看做彼此互通感情、结交新知的一种方式。它不再停留在"民以食为天"的温饱渴求，而上升到一个更高的层面，成为一种饮食礼仪。

人生有时犹如一个又一个的饭局，一个饭局常常就是一个小圈子。一般是圈内的人才会在一起吃饭，比如同事、老乡、同学的聚会，这个圈子不在乎多少人，而是在乎一种感觉、一种同道，甚至是一种对等的交流，因此外人很难打进去，这各式各样的小圈子正是饭局社交的产物。

人生在世，最忌单打独斗，孤立无援，受人排挤，遭人冷落。一个人想要在社会上立足，就必须有一个属于自己的圈子。人们总是生活在圈子中，而饭局，正是一个个圈子的现实缩影，也就是说，我们总是生活在一个个饭局中。醉翁之意不在酒。许多人赴饭局本意并不是去吃饭，而是运用饭局拓展自己的圈子，这才是社交高手赴饭局的真正目的。

赵晨是某银行的业务经理，临近年关，赵晨总会想尽办法感谢客户的支持，同时为下一年继续合作打下坚实的基础。当然，与客户联络感情首选的社交方式自然是答谢宴了。

"饭局是巩固关系和拓展人际关系必不可少的工具。"他常常这样评价饭局的重要性。

赵晨的一位客户是他的铁杆支持者，已经与他连续合作了5年，一直都对他忠心耿耿，给予了他很多的支持，与他的关系也特别亲。

而在去年的答谢宴上，这位客户还特意带来了他的同行朋友参加。那位朋友与赵晨认识后，耐心地听了他下一年的策划和市场分析。

"好，很好，我非常愿意与您合作，看来我的朋友果然没有介绍错啊！"客户的朋友表示非常的满意，在饭桌上就毫不犹豫地决定与他签约。

因此第二年，赵晨的业务量增加了一倍，年末的奖金分红也随之升了一级。

赵晨是个相当聪明的人，他知道，要与客户续签订单，保持继续合作，就要维系好关系，也清楚丰富的人际关系资源就是客户圈内人最大的好处。更重要的是，他选择了聪明的商务谈判方式——饭局，起到事半功倍的效果。

旧的人脉需要维系，而新的人脉需要打造，通过客户圈，有时候还会惊喜地发现新大陆，结识更多的客户。因此，通过饭局，洞悉和你一起进餐的人的兴趣和爱好，营造了和谐气氛，可以多方面了解客户的想法，为将来的合作打下良好的基础，也为你进入客户的社交圈子提供渠道。

在饭局上，人们从陌生到熟悉，从熟识到亲密，言语间你来我往，在饭局之上的关系处得好了，趁着酒兴，一切问题似乎都不是问题。所以，真正的社交高手懂得利用饭局这个舞台，为自己拓展关系。

# 吃饭事小，出局事大

饭局是很有讲究的，如何分宾主，如何排座次，其中学问，一着不慎就可能满盘皆输，实在并不轻松。

有人会问，饭局的意义究竟是什么？这种质疑并不可笑，很早以前饭局的意义就已经不仅仅是填饱肚子了，而是有更多的内涵和目的在里面；还有人问，饭局社交真的有那么重要吗？我们可以毫不犹豫地回答："是的，真的很重要！"我们在这个社会上生存都不是单一的存在，需要不断地被这个世界认同，所以都离不开融洽的人际关系。

笑笑毕业了，刚走出校园的她和大多数刚走出校园的学生一样，在迷茫和彷徨中东奔西走，只为找到一份能养活自己的工作。

前几天，她和其他4名求职者一起参加了某协会秘书岗位的面试。面试完之后，招聘者突然说："大家都别走，我们一起吃个饭，增进一些了解。"面对招聘者忽然发出的饭局邀请，5个人都觉得有点莫名其妙，但还是硬着头皮应邀入局。

走进偌大的包厢，5个人有些不知所措，毕竟他们都是刚刚步入社会，并不知道怎么面对这样的应酬。

笑笑看见大家手足无措的样子，率先反应，挑了靠门的座位坐下："这里是上菜的位置，今天我给大家服务啊！"大家这才依次入座。

入座之后，大家都不说话，笑笑却表现得很外向，首先跟在座各位打了个招呼，接着做自我介绍。气氛稍微有点缓和，彼此熟识一点后没有了刚才的尴尬。

上菜了，可是，面对如此丰盛的饭菜，5个人的胃口似乎都很小。"第一次一起吃饭，如果喝多了，会留下不好的印象，工作肯定没希望。"大部分应聘者都这样想，于是大多闷头吃菜，也不太愿意喝酒。

看见饭局有些清冷，笑笑为了给大家营造一个和谐的氛围，还提议给大家说笑话。

饭局过后，4人出局，笑笑被录取了。

招聘单位告诉5名应聘者，饭局其实是面试的一部分，惊讶很快写在每个人的脸上。负责人接着说道："在第一轮面试中，你们5个人难分伯仲，于是我们才有了通过饭局进一步考察的想法。虽然笑笑在饭桌上的表现仍然有些稚嫩，但她却在努力地调节气氛，试图打开沉闷的局面。我们需要这样的意识，你们应聘的岗位需要跟许多企业老总打交道，饭桌上的沟通能力和调节气氛的能力尤为重要。"

听完负责人的话，5 个人都若有所思。

面对这样的面试方式，很多人都会觉得很意外，还有一些人很不赞同这样的面试方式。他们认为，饭桌上的礼仪固然在一定程度上可以体现一个人的素质，但是良好而高效的办事风格更为重要。饭局上的表现如何，实在是与工作无关的私事。

这样的想法比较偏颇，现在社会上需要的是全方面的人才，一些公司从业务性质出发，的确需要一些综合能力强的人才，通过应聘者在饭桌上的表现，考察其控制局面、调节气氛以及社交能力，这也无可厚非。

所以，当我们要踏入社会的时候，饭局学问就成了不得不学的入门课程。饭局是很有讲究的，如何分宾主，如何排座次，其中学问，一着不慎就可能满盘皆输，实在并不轻松。大家围席而坐，是一个相识相知的过程，是一个合作无间的开始。

# 吃饭分场合，档次有高低

决定饭局档次的不是设宴之人的阶层，而是所求之事的轻重，越重要的事情，饭局档次也就越高。在合作没达成之前，档次适中即可，太过殷勤反而吃力不讨好；在合作达成之后，可以适当地提高一下档次，这样可以表示对双方合作的感谢和信心。

现代人讲究吃文化，所以宴请不仅仅是为了吃东西，更注重吃的环境。要是用餐地点档次过低、环境不佳，即便菜肴再有特色，也会令宴请效果大打折扣。因此，在可能的情况下，一定要争取选择清静、幽雅的用餐地点，要让与宴者吃出档次、吃出身份。

商务宴请虽然吃的是"概念饭"，但是用餐的地点和场合的选择是非常重要的，口味、环境、位置等都是应考虑的要素。

宴请贵宾，可以到具有古朴装修以及精致菜品的高档饭店，那里的环境、服务还有口碑应该都会让其感受到你对他的重视；宴请川西情结颇浓的客人，具有巴蜀风情的旗舰店更能让人过目难忘；宴请喜欢欧式装修风格的客人，精致的西餐厅是个不错的选择；宴请喜欢清静、对菜品也不十分讲究的客人，典雅的农家食府就可以了；想让客人在平和中感受一份大气，满庭芬芳的酒楼他应该会喜欢；想给客人呈上一次视觉盛宴，花园式的餐厅是个好去处；如果客人对传统文化感兴趣，"御膳房"既能让人感受宫廷的大气，又能享受到各种御膳；要是客人非常注重商务宴请的私密性，高级酒店很适合；如果客人比较小资，喜欢时尚，那么尽可以邀请他到时下流行的餐厅或饭店就餐。

商务宴请中菜品也是十分重要的。宴请喜欢葡萄酒或是对葡萄酒有研究的客人，可以选择领地庄园；宴请喜好海鲜的客人，选择专营海鲜的酒楼是再适合不过的了。

宴请时间可根据主办方的实际需要而定，但也应该根据客人的活动妥善安排，同时还应考虑参加人员的风俗习惯。总之，订餐标准的高低，直接影响宴会质量的优劣。

小韩是某公司的业务员，经过几个月的努力磨合、几次的交涉，终于拿下了一个客户。签完合同后，小韩不知道有多高兴，总算前几个月的努力没有白费。为了答谢客户的支持，小韩执意设宴款待这个客户一番，客户没多推辞就答应了。

吃饭的地方很豪华、够档次，客户也感觉到了自己的重要性，很是高兴。但是，吃饭的时候客户却发现了一个问题，那就是餐桌上没有一个是这个饭店的招牌菜，素菜也没有一个是高价的时蔬特色菜。客户看在眼里，并没有说什么，心里却很不是滋味儿，看来小韩是把自己当成"煮熟的鸭子"了。

饭局过后，小韩和客户谈来年的合作计划，客户却似乎不是很感兴趣，百般推诿，最后干脆说有的条件还有待商榷，一切等来年再说。第二年，当小韩去找该客户寻求第二次合作的时候，该客户却说他们已经确定了合作对象。就这样，小韩因为一顿饭失去了一个长期合作的重要客户，真是得不偿失。

重要客户是公司利润的主要来源，更是公司稳定发展的基本保障。对于重要客户来说，最重要的不是东西好不好吃，而是你有没有打心眼儿里重视他们。要展现出足够的诚意才能让客户感觉受到重视，而小韩错就错在点了高档餐厅的低档菜，让自己掉了价，显得过于寒酸，让客户觉得不重视自己，没有合作的诚意。

饭局的目的不同，开销也自然不同。聪明的人请客吃饭前都有一个算盘，钱要花得值，该下血本的时候绝不眨一下眼，该节约的时候也要节约，铺张不一定能达到目的，省钱也不一定丢了面子，具体如何要根据客户的属性来定。

## 1. 邀请重要客户

邀请重要客户吃饭，首选"大腕"餐厅或四星级以上的饭店。一般来说，海鲜类餐厅、日本料理、法式大餐等常是首选。在国内，这些字眼儿几乎代表了餐厅的高档和菜品的考究。上述饭店通常环境高雅，装修豪华气派、富丽堂皇。而且，这些地方还有舒适的单间、雅座，保证你与客户的沟通不会受到外界的干扰。

## 2. 邀请潜在客户

如果是对待未来客户，那么一定要讲究舒适。未来客户是生意场上的潜在客户，他们可能今天还不是你的财富来源，但是明天就可能让你赚到钱。对于潜在客户来说，接触、交往和交流显得更为重要。比如通过商务宴请，让双方放下戒备，敞开心扉。所以，定期宴请未来客户不失为一个好选择。

对于未来客户，尤其是不了解他对你将会有多大价值时，你可能不大愿意为宴请而抛重金，像对待重要客户那样讲究档次和排场。但是，在宴请的安排上也要真诚相待，档次不能过低，或者为了节约而选择环境差、卫生标准低、交通不便的场所。所选餐厅的位置最好有利于客户出行，不太好找的地点最好就不要去了。对于菜品，可以不太贵，但应力求做到新鲜和独特，比如尝试一下新开的风味餐馆，品尝新推出的菜品，都是经济实惠的选择。

## 3. 对待老客户

一般来讲，跟朋友客户吃饭没有那么多的讲究，选择中档餐厅就可以了，但务必要口味地道、环境卫生。同时，毕竟是生意上的合作伙伴，所以，在宴请上仍然要让对方感受到你的诚意，要讲究情绪的渲染。如果双方关系足够亲密，不妨邀请他到自己家中吃家宴，经济实惠，环境也肯定比餐厅要自由放松得多。对于双方来说，家宴更能加深了解和友谊，是简单却绝好的选择。

除此之外，宴请客人还有一些其他注意事项，比如，官方正式、隆重的宴会一般应安排在政府的宴会场所或客人下榻的酒店内；举行小型正式宴会，宴会厅外应另设休息厅，供宴会前宾主简短交谈用，待主宾到达后一起进宴会厅入席；选择一处彼此都喜欢的地点就餐，让聚会中的每个人都有宾至如归的感觉；请熟悉的人去不熟悉的饭店，请不熟悉的人去熟悉的饭店。对熟人（包括家人朋友），可以去以前没去过的饭店尝尝鲜、探探路，熟人在一起就不必拘束，可畅心问价、临时调换地点等。而请不熟悉的和重要的客人则要求对饭店的菜点、服务质量等了然于胸，这样才能更好地为请客的目的服务，所以应该去一个熟悉的、信誉好的饭店。

总之，一切都要符合宴请对象的身份，以及你及时公关的需要，因为请客也是一种生意的延续、智慧的"较量"。

# 点菜，其实没那么简单

不管是自己请客，还是别人请客，只要识风味、识价格、识新鲜、识组合，就不会在点菜环节中做出什么太出格的事，宴会也会在轻松愉快中完满结束。

点菜是一门学问，讲究时令、风味、价格、原料以及组合，等等。如果菜品安排太少，就有怠慢客人之嫌；反之，安排得过多，又会造成浪费。如果所安排的菜品色泽一致、口味一样、盛器相同，又会得到单调无奇的评语。尽是荤菜，太过肥腻；尽是素菜，有清淡之嫌。请客吃饭，点菜确实是件最令人头疼的事情，所以，有人说点菜难，几乎"难于上青天"。究其原因有以下几点。

首先，中国菜的种类多。中国菜经过 5000 年的文化积淀，其品类极其丰富多样。不同的饭店有不尽相同的菜肴。就一个饭店来说，其菜肴的数量也有几十种，甚至上百种。这么多的菜，对于一般人来讲，真的会眼花缭乱，不知怎么点菜才能吃得好。面对厚厚的菜单和各种菜名，要吃出点新鲜来，还真让人为难。

其次，当吃饭成了一种应酬，不再是为了解决温饱之后，点菜更成为一件头等重要的大事。众口难调，要做到面面俱到，实现宾主尽欢乐，确非易事。这个时候点菜不但需要广博的知识、丰富的经验，还要会察言观色，懂得人情世故。

如果你做东，当然要在客人面前把面子给足，通常会很豪爽地说："想吃啥，随便点！"请客的人爱让客人点菜，但是客人也有客人的难处，上来就点龙虾鲍翅那也有点太不客气了；如果只点个土豆丝之类的，又显得很寒酸，也等于是不给主人面子。

丹丹去年刚毕业，她和班上的两个同学一起签到了一个海滨城市，本来不是很好的朋友，但都独在异乡，也没有什么亲人，有同学在一个城市工作当然不是亲人胜似亲人了。所以，休假的时候三人就会聚一聚，一来二去，都成了朋友。

这天是丹丹过23岁生日，自然免不了要请两个好朋友吃饭。到了餐馆之后，丹丹忙招呼两人坐下，然后说："别客气啊，随便点，今天我生日，图的就是高兴，想吃什么点什么。"

于是，两个朋友便开始点菜。其中一个好朋友很体谅丹丹的实际收入水平不高，又考虑到现在正是月末"粮紧"的时候，便随意点了两个一般价位的菜，但另一个好朋友听了丹丹的话后便回答说："那我就不客气了。"然后毫无顾忌地专点自己喜欢吃的，根本就不管后面的价格。

菜点好了，有的菜价格很昂贵。丹丹看了菜价后，表面上虽然不动声色，心里却想："这人还真'实在'，还真把我当大款啊，专挑贵的点，再请她几回我就得喝西北风了，以后请客吃饭再也不叫她了！"

也许丹丹的这位朋友是真的不懂人情世故，也或许她原本就是抱着"宰"丹丹一顿的想法赴宴的，但是，不管怎样，她这样点菜确实把丹丹吓到了，相信很难再有下一次了。

在宴会中，点菜相当重要，菜点得好不好，直接关系到宴会的后续发展。为了让大家成为点菜的高手，下面向大家介绍几种点菜的"硬功夫"，相信对大家会有所帮助。

## 1.明确宴请的目的

宴请的目的多种多样，有正规待客的，有好友相聚的；有两情相悦的，有闲极无聊的；有论功行赏的，有笼络感情的，林林总总，不一而足。总之，不同的目的决定了不同的菜品和菜质，所以点菜首先要明确宴请的目的。

## 2.了解对方口味

点菜要看人来点。俗话说，知己知彼，方可百战不殆。所以掌握同席之人的口味乃点菜之先。选菜不应以主人的爱好为准，而要考虑宾客的喜好与禁忌。作为宴请者的你要记住，你是请别人，你自己的口味是次要的，对方喜欢就好。

### 3. 注重特色

特色菜又叫招牌菜，一般是餐厅用来吸引客人的拿手菜，味道不错，菜品巧妙搭配价钱也不会太贵。每到一个不熟悉的餐馆，不妨先问问有什么特色菜，这样就可对该餐馆的整体素质心中有数，点菜有底。

### 4. 巧妙搭配

点菜时要注意巧妙搭配菜色。以中国菜为例，并不要求每个菜都出色精彩，但讲究一桌菜的五味俱全，且要搭配合理，咸淡互补，鲜辣不克，让每种味、每道菜都发挥到极致。菜肴应强调荤素、浓淡、干湿等多种烹调方法搭配，菜品原料尽量不重复。如果有人让你点一桌菜，要求一道鲁菜、一道徽菜、一道湖南菜、一道淮扬菜，应该这样搭配：鲁菜点炒豆腐脑，以鲜嫩之味来清淡开胃；湖南菜点一道东安子鸡，又麻又辣又烫，实为下酒好菜；徽菜点一道咸肉笋干饭，此物亦可下酒，亦可当主食，妙极；淮扬菜点个汤菜鸡汁煮干丝收尾，亦汤亦菜，也好解酒。

### 5. 尊重买单的人

如果是别人做东，要记得为对方留点余地，多为对方着想，不要点太贵的菜，不能因为是别人付钱，就尽情地点，这是很不礼貌的行为，还会造成铺张浪费。改天若是换成自己做东，别人一定也会存有报复你的心态，那就得不偿失了。另外，当对方问你要点什么的时候，必须先将自己的决定告诉对方，而不是服务员，否则对方会觉得不被尊重，场面也会很尴尬。

# 谁是最合适的点菜人选

人生在世，有社交就会有饭局，一般情况下主人都是点菜的最佳人选，但是，在有的饭局之上则会打破常规……

假如把餐桌比喻成战场，那么点菜绝不亚于战前的点兵。点菜是个人饮食文化的集中表现，融合了地域风格、个人品位，其中大有学问。在餐桌这个战场上，到底谁来点菜更合适呢？一般情况下，都应该是主人自己点菜。

落座之后，拿起菜单，先礼貌地让客人过目，如果他点了，你就可以省去这个麻烦，尽管掏钱就是了；如果客人象征性地点了几个，为了表示尊重，你一定要加上两个稍微上档次的；如果客人谦让点菜权，主人也不必过于勉强。主人点菜的时候要根据客人的具体情况点菜，先问忌口，问主宾有什么不吃的，参加的陪客有些什么忌讳没有。点菜时，还要礼貌地征求一下客人的意见。

有的时候，主人也会让陪客点菜，陪客一般是主人的亲朋好友，或者是下属，他了解主人的目的和意图，请客吃饭时，受主人委托，也可以行使主人的点菜职责。如果陪客在不知道主人意图的情况下点菜，那可要费一番心思了，怎样才能做到宾主尽欢呢？

　　强子是某公司的客户代表，工作不到两个月就被领导拖出去陪饭局。这天，几个部门里的经理都出差在外，于是，领导就把强子给拉上了。强子的心里一直忐忑不安，一方面窃喜有如此殊荣担此重任，一方面又怕应付不当给公司丢了脸。当到了饭桌上，领导把菜单转到他面前的时候更是慌了神。

　　这是他第一次在正式场合点菜，虽然强作镇定，依然手心冒汗，心里不停地挣扎，不知道究竟是点鱼翅鲍鱼才配得上客户档次，还是随便点几个菜充充场面即可，万一点贵了，领导会不高兴，觉得自己当公司的钱不是钱，不会替公司着想；万一点便宜了会让领导没面子，客户也会不高兴……好不容易才心惊胆战地点了几个自认为还很安全的菜，长舒了一口气之后，他把菜单递给了领导，问他还需要什么别的菜，以及需要什么样的酒水。领导顺手接过菜单，强子如释重负。没有想到的是，强子那次点的菜很合大家的胃口，饭后领导还夸了句："没想到你还挺会点菜的呀。"这让强子信心倍增。

　　在以后的应酬饭局中，领导时常把强子带在身边，点菜的时候，强子便总把最后的决定权交给领导，一来说明他眼里有这个领导，没有自始至终自作主张，二来也让领导对这个饭局的预算有一个最后的把握。就这样，领导在夸强子聪明的同时，也越来越信任他了。

　　强子作为一个陪客，他是领导的下属，在毫不知情的情况下被拉去赴饭局，并接下了点菜的重任，真的有点左右为难，领导的心思谁知道呢？一边是领导，他得罪不起，另一边是客户，他更得罪不起，他们可是领导的衣食父母。在这样的情况下，强子选择了折中法，点几个不高不低、适合大众口味的"安全菜"，然后把"皮球"踢给领导，让领导做一个具体把握，不可谓不聪明。

　　人生在世，有社交就会有饭局，一般情况下主人都是点菜的最佳人选，但是，在有的饭局之上则会打破常规，比如以下几种情况。

## 1. 有领导的饭局

　　不管是谁设的饭局，如果有领导在场，往往是领导决定大家吃什么菜，一个人说了算，作为部下通常都会附和着说"都行都行""什么都行"，将选择权拱手让出。当然，也有那种宽厚的领导，在吃饭的时候，尽量征求大家的意见，想吃什么就说，或者索性什么都不管，将权力下放，让下属去点菜，毕竟吃饭不是什么原则问题，轻松一点才好。但是，如果在有领导的饭局之上，还是应该优先让领导点菜，这也是职场中饭局上你应该明白的规则。

## 2. 有女宾的饭局

　　社会不断进步，女性地位也在不断地提高，在一些较正式场合，"女士优先"这句话可以说是放诸四海而皆准。男女在饭店约会，点菜时应让女士先点，尊重女士的意见。如果女士对菜品熟悉，那就大大方方点好了。当然，点菜的时候还是要不时征询一下男士的意见。但如果不熟悉菜品、不了解西餐的点法，或者是菜单全是英文，无法看懂，女士可以坦率而诚恳地说："你来点吧，你熟悉，我相信你点的菜很美味。"这样既不会尴尬，又显得有礼貌、有修养。

### 3. 有亲朋好友的饭局

有亲朋好友的饭局是最轻松自如的饭局，点菜吃饭是个人行为，和工作没有任何关系，每个人都有自己的机会和选择权，不必有太多的顾虑，所以，这个时候，大多实行轮流点菜，一人点一个自己喜欢吃的即可。不过，如果大家都不爱吃你点的那道菜的话，你就有责任吃掉2/3，这是遵循的不浪费原则。

如今，人们大都不爱点菜，把那么漂亮的菜谱往别人那儿推就像推却一个麻烦。面对这样的一个社会现状，于是，现在出现了一种职业——点菜师，当我们面对菜单无所适从时，点菜师会为客人配出一桌好菜。如果当着客人的面，不方便讲要花多少钱时，可以使用特定的词汇，比如"来点家常菜""来点清淡爽口的"，这是暗示点菜师自己不想高消费，而"有什么山珍海味""来点海鲜"，则是暗示点菜师你请的是贵宾，并不在乎花费多少。这样点菜师会让你既有面子，又不会"荷包大出血"，这让我们省去了很多麻烦。所以，当不想为点菜劳心费神时，把你的消费标准、客人的喜好等基本要求告诉点菜师后让其代劳也未尝不可。

# 应邀赴宴不可不知的二三事

良好的开端是成功的一半，在接到邀请的那一刻，就表现出良好的风度和素养。所以，在日常生活中，我们就要养成严谨的生活态度，做一个有时间观念、生活细致入微的人，只有这样，在面对突发情况的时候才能步履从容。

中国是礼仪之邦，而饭局宴会则是最能体现礼节的场所。从我们接到邀请的那一刻起，一举一动就关乎礼节问题。

在你接到宴会邀请后，不管是请柬还是邀请信，无论你能否出席都应该尽快答复对方，以便主人安排，这是对主人最基本的尊重。

答复对方，可打电话或复以便函，但只要回复都应该保持尽早、及时的原则。当你接受主人的邀请之后，就不要随意改变出席计划，如果遇到不得已的特殊情况不能出席，应尽早向主人解释、道歉，甚至亲自登门表示歉意，尤其是主宾。

为了避免走错地方、着装太过随意，或主人未请配偶却双双出席的尴尬，应邀出席一项活动之前，要核实宴请的主人、活动举办的时间地点及地点线路图、是否邀请了配偶，以及主人对服装的要求。

周黎要参加客户的 60 岁寿宴，妻子詹玉悉心为他准备。"老公啊，章老的 60 岁寿宴肯定是家宴的成分居多，你就穿得简单点，这样可以跟他的家人打成一片。"周黎点点头。

那天，公司临时出点事情，周黎不得不亲自处理，匆匆忙忙处理完毕之后，拿出请柬一看时间还来得及，可是他对那个什么丽豪大酒店却没有什么印象，貌似是个新开的大酒店。"章老也真是的，不知道去那些老地方，驾轻就熟的，好找，弄个什么丽豪，还不知道在哪里。"周黎不禁抱怨起来。抱怨归抱怨，还是得想办法，他在手机上查了一下酒店的大致地方，然后开车过去。由于路况不熟，再加上一路堵车，周黎还是迟到了半小时。

谁知到了宴会现场，周黎才发现与宴的商界人士都是盛装出席，而且很多人都跟自己有生意上的往来。客户钱小姐说："呦，周总，你好时尚啊！现在嘻哈风盛行，你这条牛仔裤可是限量版哦！"周黎转头看着寿星章老和几位业界老前辈不敢苟同的眼神，心凉了半截儿——这次宴会自己栽大了，迟到不说，还穿成这样，以前在客户面前好不容易建立的形象看来会毁于一旦了。周黎真想找个地洞钻进去。

出席宴请活动，抵达时间迟早、逗留时间长短、着装打扮在一定程度上都反映了对主人的尊重程度。周黎这次不但迟到，还着装过于随意，这简直是双重罪过，难怪他想找个地洞钻进去。其实，找地洞躲起来也不是办法，最重要的还是要吸取教训，在参加宴会的时候仔细斟酌，力求做到万无一失。那么，具体应该怎么做呢？

## 1. 严守时间

参加宴会的时候，迟到和早退都会被视为失礼或有意冷落的行为。那么，怎样来把握这个时间呢？出席宴会，根据各地习惯，正点或晚一两分钟抵达；在我国则正点或提前两三分钟或按主人的要求到达；出席酒会，可在请柬上注明的时间内到达。如果迟到，要进行解释道歉后方可入席。一般情况下身份较高的人可以略晚到达，而身份普通的客人最好是略早到达，主宾退席后再陆续告辞不为失礼。

## 2. 赴宴时应注意仪表整洁

在各种场合，穿着是一种礼仪，而在不同的社交宴会中，符合个人特质的品位装扮，自然地散发出自信风采及内敛的涵养，而这种独属于你的魅力将使所有人赞叹。不论男士或女士，装扮自己时一定要有整体观念。尤其是利用餐桌这个舞台来推销自己的时候，因为长时间暴露在别人观视之下，自己身上任何细微的优点或缺点都难逃他人的察觉，更应该处处留意、事事细心。

以参加正式餐宴来说，发型、化妆品、服装、饰品的使用与搭配固然重要，但皮包、皮鞋、袜子、香水，乃至于手表和肢体语言的讲究也是同样重要，否则就有美中不足之感。男士们也是一样，穿着得体了，如果指甲没修干净，或手表与戒指搭配土里土气，仍然像"打领带的猴子"。

### 3. 见面的招呼和寒暄

打招呼就是向对方表示一些良好祝愿或欢迎的话。对人亲切地问候，是增加生活乐趣的一种礼仪形式；对熟人不问候，或者不回应别人对你的问候，都是很失礼的行为。

在餐厅见面，打招呼最简单的话是一声"早上好""上午好""晚上好"或"您好"等。对不熟悉或者匆匆而过的人，都可以这样打招呼。除了打招呼外，寒暄也很重要，见面寒暄，可以瞬间拉近彼此之间的距离。

# 买单不失君子风度

既要避免和饭店服务员产生不必要的纠纷，也要让赴宴的其他人感受到我们的优雅风度和良好修养，从而给别人留下美好的印象，更给成事平添一分助力。

当我们参加完宴会后买单时，应该表现出自己的风度，给予侍者足够的尊重，不可对服务员的工作表现出丝毫轻视，我们应该在尊重对方的基础上礼貌地提出合理的要求。这样既避免和饭店服务员产生不必要的纠纷，也会让赴宴的其他人感受到我们的优雅风度和良好修养，从而给别人留下美好的印象，更给成事平添一分助力。

通常来说，用餐完毕准备离去的时候，要利用服务员经过你身边的机会，轻声唤住他，很有礼貌地告诉他："请帮我们结账。"如果一时没有服务人员走近，不妨耐心地多等一会儿。千万不要高声呼喊服务员，或者是吹口哨、敲打餐具，这会使你给人留下没有教养的印象，甚至会让餐厅的管理人员误会，以为招待不周，还会影响其他用餐者用餐。

周五晚上，孙毅和朋友参加联谊会。席间，孙毅风度翩翩，尽情展现自己中文系才子的风范，逗得同桌的几个女孩子不时发出银铃般悦耳的笑声。眼看这顿饭快到尾声了，可是大家明显意犹未尽。这时，孙毅提议说："反正现在还早，明天又是周六，咱们找个地方接着聊呗！"其他人都欣然表示同意。于是，孙毅叫服务员前来结账。可是当天餐厅人多嘈杂，服务员当时没有听清楚，这时孙毅不高兴了，又大声叫了几声。领班表示会尽快过来结账。可是，过了十分钟，依旧不见服务员过来结账。孙毅怒了，走到前台，冲着前台收银员吼道："你们这是什么服务态度啊！结个账等那么长时间也不见服务员过来。嘴上说得漂亮，顾客是上帝，你们就这么把顾客当上帝的啊！让上帝等你们，够有面子的啊……"前台收银员一再道歉，表示会立刻给他办理结账手续。可孙毅就是不依不饶，强调他的"上帝"权益受到了侵犯，饭店服务不够周到。朋友拉住孙毅让他少说两句，可是孙毅牛脾气上来了，怎么也拉不住。这时，大家的注意力都集中到他们身上，那几个女孩子深感尴尬，便借故先走了。而孙毅还在那里强调他的"上帝"权益！

虽然在此案例中服务员在结账方面的确存在一些过失，但那也是由于特殊原因造成的。可是孙毅不但不给予理解，还不依不饶地强调自己的"上帝"权益受到了侵犯。他毫无风度的表现一下子将他之前刻意塑造的美好形象毁了，原本对他印象不错的几个女孩子也失望地离开了，真可谓是"赔了夫人又折兵"啊！

通常情况下，买单应该坐在自己的位子上。尽量不要让服务员当着客人们的面口头报账，更不能让服务员不明主次地将账单递到客人手里，给客人带来尴尬。账单算好交来时，主人要迅速拿起来看数目，不要让客人知道数目。你大可以用足够的时间去复核账单数目，但千万不要一项项念出来，并加加减减一番，使客人觉得你吝啬不爽快。最好的办法是，自己点菜的时候心中有个数，账单来了之后看看多不多，就迅速地将账付掉，这样既不让自己吃亏，还让自己看起来很大方。

买单之后，不必急着离开，可以稍微坐坐，聊聊天，喝杯茶。但是，如果餐厅很忙，或者是时间很晚，而你们又是最后一批客人的话，那还是早走为妙！

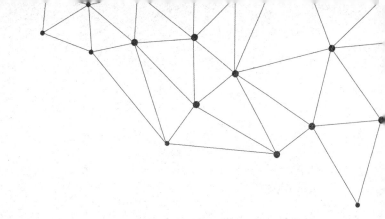

# 第八章
## 博弈有原则：长久的人脉是相互成就

任何一个完整的人或事物都有表里两面，社交也是一样，既有行动上的往来，也有心理上的博弈。从这个意义上讲，人际关系的导向其实是由双方之间的博弈决定的。虽然平时大家看上去全都客客气气，但是每个人都在心中掂量着彼此的势能差异以及利益取向，而且只有更为高明的那方，才能在社交中占据主导地位，拥有话语权和说服力……

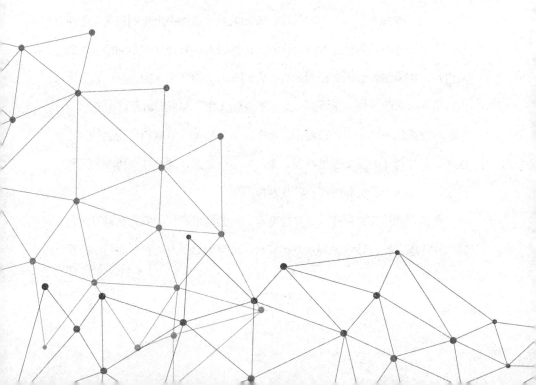

# 社交博弈中的"相对论"

对交往的双方来说，总要不停地在物质与精神、争取与让步之间做出选择，这种选择的策略就是博弈。由此引申而来的，就是社交博弈的三种结果，正和博弈、负和博弈，以及零和博弈……

当今社会，人们无可避免地要与其他人沟通往来，因此社交才成为人们生活中一项必不可少的重要活动，人际关系也进而带上了利益关系的色彩。不过这并不代表社交都具有物质方面的目的，其在精神方面给人的慰藉也是人们无法割舍的。正因如此，人们在追求物质需求的同时，也会考虑到精神层次的平衡，正所谓"买卖不成仁义在"，说的就是这个道理。

对交往的双方来说，总要不停地在物质与精神、争取与让步之间做出选择，这种选择的策略就是博弈。由此引申而来的，就是社交博弈的三种结果，正和博弈、负和博弈，以及零和博弈。

所谓正和博弈，又称为合作性博弈，指的就是参与的双方从自身的利益出发达成合作，其结果对双方都有利，或至少对一方有利，而另一方乐见其成且自身利益不受损害。这是社交博弈最为理想的结果。然而事与愿违，当涉及双方的利益问题时，就不可避免地要发生矛盾和冲突，一旦处理不好，就会将人际关系推向负和博弈的方向，从此一发不可收拾。

与正和博弈相对，负和博弈指的就是其中一方或双方采取极端的做法，使最终达到的效果令双方都不满意。日常生活中的谩骂争吵就是负和博弈中最常见的一种情况。

至此相信你已经明白了，正和博弈就是公共利益增加，负和博弈就是公共利益受损，而零和博弈则意味着公共利益没有变化，这是因为一方"吃掉"了另一方，一方所得之利正是一方所失之利。

那么，在实际的社交案例中，大家都是怎么做的呢？

小李和小赵是同处一个办公室的同级女职员。有一次，小李因小赵擦地时弄湿了她本不应放在办公室的一个纸箱而大发其火，让小赵下不来台；而小赵因一时冲动，也大动肝火，结果使本来火药味极浓的冲突一下子爆炸了，你说一句，我还一句，由小声到大声。原本安静的办公室，一下子热闹了起来，领导不得不找她们两人谈话。结果是，战火虽然停息，但两人从此互不说话，使双方的工作也受到了不同程度的影响。

事实证明，无论工作或生活，人际交往中这种非对抗性矛盾冲突造成的两败俱伤的负和博弈是非常不可取的，它无论对哪一方来讲，都是不利的。它只能使双方的矛盾和冲突不断地加大，而加大的结果是博弈双方都将付出惨重的代价，得不偿失，可谓双方都不是赢家。

因此，对于人际交往，非对抗性矛盾一般不要采取这种对抗性的博弈，在这种博弈出现之前，应理性地去制止，别使性负气，要胸怀开阔，交际中之所以经常会发生负和博弈现象，大多是因为心胸狭窄，遇事爱使性负气，上面所举的例子，也是因为意见不统一，心胸不开阔，不能容忍对方，使得双方僵持，互不相让，这样无疑会造成双方关系的不和，最后弄得两败俱伤，如果当时双方有一个做一些让步或牺牲，最起码可以满足一个人的意愿，如果另一方也能胸怀开阔一些，容纳对方的不是，其结果，肯定与之相反，彼此间的关系会更加和谐。那么，也就一定能避免交际中负和博弈的发生了。

但其结果，双方的选择很令人遗憾，因为其选择了最糟糕的方案，很多事实证明，在很多时候，参与者在人际博弈的过程中，往往都是在不知不觉做出最不理智的选择，而这些选择都是由于人们的为己之利所得出的结果，要么是负和博弈，要么是零和博弈，都是非合作性的对抗性博弈。

一年前王静应聘到某一文化公司做财务，业绩做的也不错。前不久她上报的财务报表出了错（她认为是销售和库房的问题），老板立即当着众人的面对她大发雷霆，她忍无可忍，于是便与老板顶撞了起来，然后又哭着冲出了办公室。结果，受到顶撞的老板火气更旺，一气之下，除了王静的名，而王静也因此而失去了工作。

这种一方吃掉另一方的零和博弈结果也是影响人际关系发展的一种非合作式的博弈。因此，对于人际关系，我们一定要本着为人利就是为己利的态度去做。首先，别见利忘义，做人之本，心存诚意。在人际交往的博弈中，之所以会出现零和博弈，大多是因为人的见利忘义，想吞并别人的利益，而这样的人往往从一开始就心存恶念，不安好心。整天想着算计别人，自然便会用欺诈的手段来达到自己那为人所不齿的目的。

在社交博弈中，一定不能见利忘义，而应该心存善良，这样，才能不因为在交际中发生零和博弈而失去人心，从而失去更多的利益。而应该在取长补短、相互谅解中达成统一，达到双赢的效果。

再比如，生活中，我们经常会听到这样的话："我得不到的东西，谁都别想得到""我办不成的事情，谁都别想办成"。而这种想法一旦进入交际情境，必然会出现双方坚持的僵局。而如果此时，能够不使性负气，互相谅解，采取合作的态度，那么，矛盾和冲突就不会发生，自然人际关系就会朝好的方向发展。

# 主动打破囚徒困境

囚徒困境指的是对于两个人互相合作或背叛的策略性决策问题，其中每个参与者都不知道对方的行为，而他们的策略将直接影响其利益。此模型的目的在于找到一种合作共赢的方式，从而实现两人的收益最大化。

囚徒困境是博弈论中的典型模型。那么，囚徒困境是怎样发生的呢？有一位富翁家中的财物被盗。警方在此案的侦破过程中，抓到两个犯罪嫌疑人 A 和 B，并从他们的住处搜出枪支和受害人家中丢失的财物。但是，他们都矢口否认曾盗窃过。于是，警方将两人隔离审讯。为了分化瓦解对方，警方告诉他们，如果主动坦白，可以减轻处罚；顽抗到底，一旦同伙招供，就要受到严惩。当然，如果两人都坦白，那么所谓"主动交代"就没有价值了，两人还是要受到严惩，只不过比顽抗到底要处罚轻一些。在这种情形下，两个囚犯都可以做出自己的选择：或者供出他的同伙，即与警察合作，从而背叛他的同伙；或者保持沉默，也就是与他的同伙合作对抗警察。这样，就会出现以下三种情况：

一是，如果两人都不坦白，警察会以非法携带枪支罪和盗窃罪将二人各判刑 2 年；

二是，如果其中一人招供而另一人不招，坦白者作为证人将不会被起诉，另一人将会被重判 10 年；

三是，如果两人都招供，则两人都会因罪名各判 8 年。

对两名囚徒来说，最好的策略当然是都不交代。但在被分别关押的情况下，他们没有机会串供，他们其中的任何一个在选择不交代的策略时，都要冒很大的风险。一旦自己没交代而同伙交代了，自己就会被重判。所以，就一个囚徒而言，无论另一个囚徒采取何种策略，他的最佳策略都是交代。因此，两人最后都会选择交代。不难看出，两个囚徒之所以会陷入困境，就是双方都不了解对方心里的真实想法，这就是经济学上的信息不对称，以致他们无法串供。在这样的情况下，两个囚徒作为理性的经济人，都会选择有利于自己的策略，但是，这种个人理性导致的却是双方的非理性，让两人的利益都受到损害。

当一个女人和一个男人互相爱上了对方时，双方通常也会陷入囚徒困境之中。男女双方互生好感，彼此爱慕，最好的策略当然是相互表白。但是，由于双方信息不对称，只确定自己喜欢对方，而对方是否真的喜欢自己却无法判定。在男人决定追女人时，并不清楚女人的心理状况，不明白女人的逃避是矜持羞涩，还是对自己无意；而女人也不明白男人的真实想法，不知道男人的殷勤备至是真心爱自己，还是本性如此。在这种情况下，双方往往都不主动表白。因为一旦自己表白了，而对方对自己并没有什么好感，就会令自己陷入尴尬。有时，虽然两人已经断定彼此相爱，可是仍然谁也不愿表白，他们都觉得要是自己先表白了，就会在以后的相处中很被动。有情人如果想终成眷属，就一定要想办法打破囚徒困境。打破困境的关键在于，双方信息要由不对称走向对称。当双方一见钟情时，只要一方主动表白，另一方就应该积极回应，以便双方更加确定自己的想法。当男人追女人，不断地向女人表白时，如果女人深受感动而喜欢对方，那就让对方知晓自己的心意；如果觉得两人不合适，则应及时向男人坦白，以便让男人就此终止。

还有一种情况，那就是两个人彼此有些话说不出口，这时可以找一个中间人来帮助沟通。总之，无论是哪种情况，双方都应该真实地呈现出各自的信息，只有这样，两人才能打破囚徒困境。

# 循循善诱，让人无从拒绝

诱导是会话双方的一种意识交流，假如会话双方意见相悖且相互攻击，肯定无法促成心意的相互交流，说不定还会使说话者产生消极情绪。因此，我们应该积极地参与会话，将对方的意思诱导到自己理想的本意中来，从而掌控整个谈话过程。

在社交中，总有那么一些人，他们喜欢把自己要说的意思反反复复地说明，详尽得让人厌烦。遇到这种情况，你是任凭对方继续无休止地发挥，还是立即打断他的话？这两种方法都不合适，你应当以柔和的方式诱导他进入你的话题，如"简单来说，你是表达这样的意思吧……"这种行为称为"诱导"。

当你与别人在一起讨论某件事情时，不要一上来就发表与其相左的意见。要记住，你们彼此追求的目的是相同的，而你们的唯一差别是方法上的不同，所以一开始你就要让对方回答"是"，而千万不要让他说出"不"来。假若一开始双方就意见不合，那么他就会对你产生成见，就算你再说上千言万语，而且是句句实言，但是对方早已存下了不良的印象，再要使他改变过来就十分困难了。所以找人办事，先得迎合对方的心理，使对方觉得这次交谈是商讨，而不是争辩。

道理何在呢？因为每个人都要维护自己的尊严，他开头用"不"字，即使后来他知道这"不"字说错了，他也会为了他的自尊将"不"字坚持到底，所以我们要绝对避免让对方一开头就说"不"字。要使别人做出"是"的回答，技巧很简单，但往往被人们忽略。

小江是一个汽车厂的优秀业务员，那天，他接待了一个非常难缠的顾客，整整一早上都没有决定要买什么样的卡车。但是，这是一笔大单子，小江是不会轻易放弃的，眼看要吃中午饭了，还没有搞定，但是小江也不急，吃饭的时候不正是谈业务的最佳时机吗？

小江顺理成章地把客户请到了附近的小餐馆。为了表现自然，不刻意讨好，两人就点了几个菜，一顿便饭的样子。小江边吃边拉家常说："这就是我们的工作餐，有时候忙了连这个都吃不上。"那个顾客也接着话题说："是啊，干哪行都不容易，我们出车的时候也是一样的。"说完两人都不客气，大快朵颐了一番。

吃完饭后，两人也熟识了不少，借喝茶的时候，小江很自然地把话题扯到了业务之上。小江先问道："请问你需要用多大吨位的卡车？"顾客回答道："很难说，大致两吨吧！"小江又问道："有时候多，有时候少，对吗？"顾客回答："是这样。"小江接着问："究竟要哪种型号的卡车，一方面要看你运什么货，一方面要看在什么路上行驶，你说对吗？"顾客回道："对，不过……"小江不等他话说完，赶紧说："假如你在丘陵地区行驶，而且你们那里冬季较长，这时汽车的机器和车身所承受压力是不是比正常情况下要大些？"顾客认为小江的话很有道理，赞同地说："是这样的。"小江道："你们冬天出车的次数比夏天多吧？"顾客像遇见了知音："可不是，多多了，夏天生意不行。"小江继续问道："有时候货物太多，又在冬天的丘陵地区行驶，汽车是否经常处于超负荷状态呢？"顾客老实地回答："对，那是事实。"小江见如自己所料，继续问道："从长远的眼光看，是什么因素决定买车型号时，是否留有余地？"顾客有了听小江意见的意思，问道："你的意思是？"小江没有回答，继续问道："从长远的眼光看，是什么因素来决定买一辆车值得不值得呢？"顾客说："当然要看车的使用寿命。"小江又问："一辆车总是满负荷，另一辆车从不超载，你觉得哪一辆寿命更长些呢？"顾客肯定地说："当然是马力大、载重多的一辆。"于是，小江给顾客提出了建议："这样看来，我建议你买一辆承载重量为4吨的卡车可能更划得来。"

顾客觉得小江是设身处地为自己着想，对他的看法也表示赞同，马上决定和小江签单。

上面这段对话，让人不得不佩服小江的业务能力。他在平淡无奇的谈话中，设法让顾客跟着他的思路走，从而达到成功推销的目的。

这种说服的方法，是两千年前希腊大哲学家苏格拉底所用过的"苏格拉底式的辩证法"，就是以得到对方的"是"的反应，使对方不断地说"是"，无形中把对方"不"的观念改变过来。

可以说，诱导是会话双方的一种意识交流，假如会话双方意见相悖且相互攻击，肯定无法促成心意的相互交流，说不定还会使说话者产生消极情绪。因此，当除你之外的其他听众由于说话者过于啰唆的语言，而失去了对谈话内容的兴趣，或是由于谈话内容抽象，使听者无法了解说话者的本意时，你就应该积极地参与会话，将说话者的意思诱导到自己理想的本意中来，从而掌控整个谈话过程。

所以，以后在饭局上求人办事时，我们可以采用苏格拉底的方法，使对方多说"是"，减少对方的反感。